AF356376

MANUAL DE HIPERVIVENCIA PARA INTRÉPIDOS EXPLORADORES

ExLibric

PATRICIA G. MONTEOLIVA

MANUAL DE HIPERVIVENCIA
PARA INTRÉPIDOS
EXPLORADORES

EXLIBRIC

ANTEQUERA 2022

MANUAL DE HIPERVIVENCIA PARA INTRÉPIDOS EXPLORADORES
© Patricia G. Monteoliva
© de las imágenes de cubierta e interior: Lola Ruz G.
Diseño de portada: Dpto. de Diseño Gráfico Exlibric

I ª edición

© ExLibric, 2022.

Editado por: ExLibric
c/ Cueva de Viera, 2, Local 3
Centro Negocios CADI
29200 Antequera (Málaga)
Teléfono: 952 70 60 04
Fax: 952 84 55 03
Correo electrónico: exlibric@exlibric.com
Internet: www.exlibric.com

ISBN: 978-84-19269-10-2
Depósito Legal: MA 437-2022

Nota de la editorial: ExLibric pertenece a Innovación y Cualificación S. L.

PATRICIA G. MONTEOLIVA

MANUAL DE HIPERVIVENCIA PARA INTRÉPIDOS EXPLORADORES

EDWARD BULWER-LYTTON

Índice

—¿Sabéis qué es un explorador?

—Claro, mamá, es un Scout. Del *Fortnite*. Lleva camisa sin mangas color sucio y una bufanda de color amarillo. Se parece al atuendo Tracker y Trooper, pero los colores son diferentes.

—¿Cómo?

—¡Ah, espera! ¿Te refieres al explorador de reconocimiento Recon Scout? Ese lleva la bufanda oscura, como de camuflaje, y la camiseta es como gris o azul.

—Entiendo...

—¡Pero los que molan son los Assault Trooper!

—¿Sí? Bueno, al menos estáis aprendiendo inglés... Pero yo me refería a un explorador, de esos de los de antes, los que descubrían cosas ocultas, lugares desconocidos...

—Yo quiero descubrir los fondos marinos. ¿De eso hay en el *Fortnite*?

—No lo sé, cariño, tu hermano sabrá. A ver, un explorador tipo... ¿Indiana Jones?

—Qué antigua eres, mamá.

(Risas)

—Sí, eso está claro. Del 77, nada más y nada menos.

—¡Sííí, saaabeeemos lo que es un exploradooor!

—Vaaale. Pero seguro que no sabéis que todos somos exploradores.

—¿Nosotros?

—Sí, todos nosotros.

—¿Y qué exploramos, mamá?

—Exploramos la vida, hijos, la v-i-d-a.

—¡Ojo! Se viene un discursito. —Codazos, risas, susurros entre ellos.

Esta es una buena pregunta para la que, me temo, no vais a tener una respuesta precisa. Todavía. Tendréis que esperar.

¡BOOM!

(Sí, ya sé, he pronunciado vuestra palabra maldita).

Sin embargo, antes de que se os vuele la cabeza, dejadme primero que os cuente otra cosa. Ahora que os tengo sentados y me supongo objeto de vuestra atención, me gustaría empezar por el principio. Los principios son buenos, hay que conocerlos; si queréis llegar a ser unos buenos hipervivientes, tendréis que prestar atención al origen de las cosas. Porque el origen tiene un SUPERPODER: puede ser causa y consecuencia.

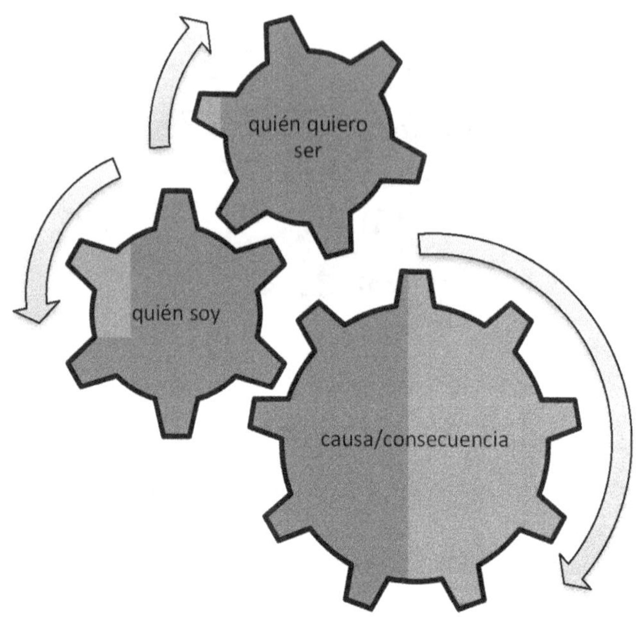

Aquello que os hace ser quienes sois hoy y aquello por lo que querréis ser los que llegaréis a ser.

Los pueblos más eruditos que ha dado la humanidad han sido siempre muy conscientes de la magia del principio. Por eso conservaban las historias de sus orígenes como algo sagrado, y buscaban en ellas respuestas a un presente que no siempre entendían. Honraban en la memoria a sus antepasados, con un devoto respeto, y comprendían algo más su propia circunstancia a la luz de ese gran faro.

Es un gran ejercicio, indagar vuestro principio, y gracias a la memoria podréis hacerlo siempre que lo necesitéis. El origen de vuestra historia personal os dará muchas claves; el origen de vuestra religión, de vuestra raza, de vuestra cultura, completará de forma muy acertada el resto del mapa.

Esto me lleva a la que deber ser vuestra primera regla. Atentos, ahí va:

PRIMERA REGLA DEL MANUAL DE HIPERVIVENCIA
Lleva siempre en tu mochila la brújula del origen.

Así que comenzaré un poco por el principio, por mi principio, que de alguna forma es el principio de vuestro principio. Aunque seguro que ya os habré contado alguna vez estas cosas en alguno de mis discursos; esos que me han hecho merecedora de tan entrañable sobrenombre:

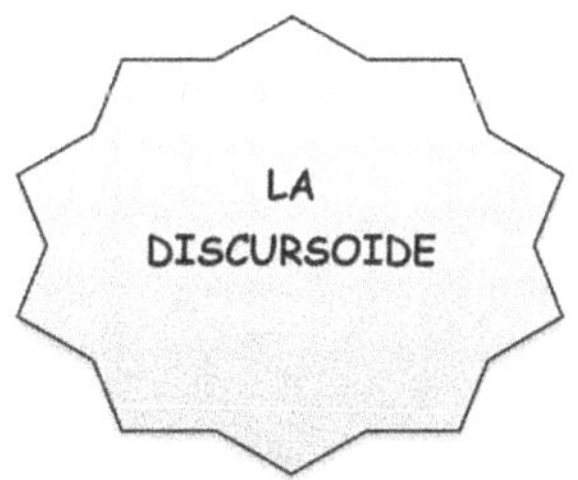

Me gusta decir que soy bióloga por parte de madre y, un poco, escritora por parte de padre. He tenido el privilegio de crecer entre la ciencia y los grandes escritores universales gracias a vuestros abuelos.

La primera discursoide de la familia, en realidad, no soy yo, sino vuestra abuela Carmen. Siempre vienen a mi memoria recuerdos de la infancia con una perenne voz en *off*; imágenes de pajarillos caídos del nido, de estrellas fugaces sobre un limpio cielo nocturno, de troncos de árbol cuajados de líquenes, y la voz de mi madre explicándome, con devoción, las razones detrás de cada hecho natural. Nunca tuve después en el colegio, el instituto o la universidad un profesor capaz de transmitir con esa misma emoción sus conocimientos. A través de sus ojos me fue revelada la maravillosa dimensión del universo que nos rodea. Y aprendí de ella una de las primeras actitudes que todo explorador debería incorporar a su arsenal de actitudes para empezar con buen pie el camino: mirar el mundo alrededor, dejarse embaucar por su extraordinaria belleza y, sobre todo, quitarse el sombrero ante él.

Mi padre, vuestro abuelo, también me hablaba de otro mundo, no natural en el sentido tangible, pero no menos importante. El mundo abstracto de las emociones, los recuerdos, las reflexiones; lo intangible que se pasea por nuestra inspiración y que solo podemos tratar de hacerlo un poco más real cuando se concreta en palabras. Las palabras... Como sabéis, esa es otra de mis debilidades. También mis recuerdos de infancia están salpicados por esa sutil formación literaria que mi padre me transmitió; leyéndome, de cuando en cuando, una sola frase que había impactado en su memoria poética, como aquella: «Un horizonte de perros»; o hablándome de algún libro que le había dejado sin aliento por su virtuosa narración ininterrumpida, o de esos otros que reflejaban lo más oscuro y compulsivo de la mente humana. Vuestro abuelo me presentó a Kafka, Sábato, Carpentier, García Márquez, Dostoievski, Caballero Bonald, Thomas Mann, entre otros muchos más. Sus recomendaciones literarias tuvieron siempre un punto de encuentro con toda esa realidad que vibraba en mi interior y a la que solo podía acercarme gracias a otra gran maravilla, a la altura del universo natural que la abuela Carmen me mostró: las palabras. Del abuelo aprendí otra de las primeras actitudes que todo explorador debería incorporar a su arsenal: mirar al mundo intangible, escuchar su fantástico idioma, aprehenderlo y comprender. Porque todo, absolutamente todo, se puede explicar con palabras. Y todo lo que es decible se vuelve maravillosamente real, cercano, nuestro... y comprensible.

Esto nos lleva a nuestra segunda regla del manual, atentos:

SEGUNDA REGLA DEL MANUAL DE HIPERVIVENCIA

Acópiate de arsenal; humildad y empatía, por ahí debes empezar.

Para completar todos estos buenos cimientos que recibí, puedo decir, con orgullo, que estudié en unos años gloriosos del sistema educativo público de este país, en los que la filosofía y el latín eran asignaturas de obligado cumplimiento, así quisieras ser ingeniero, filólogo o médico. Nos comieron el coco con la poesía de Miguel Hernández, la prosa lírica de Juan Ramón Jiménez, el realismo mágico de García Márquez. *La increíble y triste historia de la cándida Eréndira y de su abuela desalmada*, *Bodas de sangre*, *La Celestina*, *Platero y yo* y *El rayo que no cesa* eran lecturas colectivas habituales en la clase de literatura. Me hicieron traducir del latín los textos de Séneca y Cicerón, estudiar a los filósofos mayores o menores; aún más, me hicieron filosofar. Y todo eso sabiendo que muchos estábamos ya iniciando nuestro camino científico. No escatimaron, con nosotros no, en cuanto a conocimiento se refiere. Fuimos una privilegiada generación.

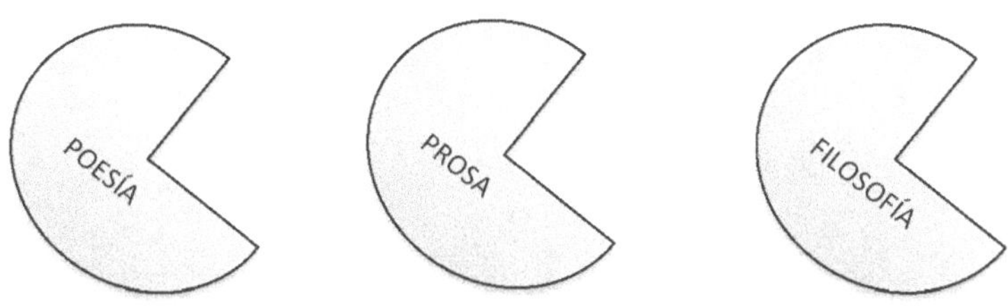

Pronto la biología me dejó sin palabras. El funcionamiento milimétrico de la vida en la tierra, desde la molécula más pequeña de materia orgánica hasta la complejidad eficiente del cuerpo humano. La tectónica de placas y la fotosíntesis; aún recuerdo esas exposiciones como clases magistrales; por cierto, eran clases de la abuela Carmen, que además fue mi profesora en bachiller. Los experimentos en el laboratorio, ¡nuestra propia población de Drosophila!, para jugar a ser dioses con la práctica genética. Todo era maravilloso conocimiento plástico y cada cosa que se estudiaba abría un poco más la puerta a las infinitas posibilidades.

De esta forma se determinó mi vocación científica, quería saber todo lo que se pudiera saber sobre la vida. Estudiar los sublimes procesos biológicos de la naturaleza a mí me parecía tan embriagador como leer poesía. Comprender el impecable mecanismo que rige todos esos procesos me hacía emocionarme;

descubrirle a la naturaleza esa sabia belleza oculta era, para mí, como leer a Clarice Linspector.

Así que, con el alma poética siempre dividida en dos, pero inevitablemente práctica en el fondo de mi persona, opté por estudiar Biología Fundamental, y me especialicé en microbiología, bacteriología y virología. La literatura pasó en ese momento a ser mi afición predilecta, lugar que sigue ocupando no solo como lectora, sino como intento de escritora.

¿Algo más de mi principio? Bueno, sí, ya habréis notado que falta un componente.

$$A\Omega$$

Gracias a mi formación científica he visto cosas que no ha visto un abogado o un arquitecto. He experimentado la plasticidad de la vida desde cotas celulares hasta los ecosistemas más complejos. He comprendido la historia del hombre desde una óptica biológica, vislumbrando su futuro desde esta misma concepción. He comprendido el peso químico que condiciona nuestra existencia, o la teoría de la evolución de Darwin. Sé cómo funcionan las leyes de la genética y la infinitud contenida en nuestro genoma. Por eso estoy segura de que la ciencia, sobre todo la genética, avanzará tanto como para hacer que el hombre se vuelva prácticamente inmortal. No habrá enfermedad alguna que pueda acabar con su vida, tan solo el asesinato, cuidadosamente maquinado, podrá dar muerte a ese superhombre.

Pero...

ΑΩ

Pero también sé otra cosa: aun llegado ese día, el mensaje grabado seguirá abrasando el pecho de aquellos que no dan la espalda a su espíritu y lo atienden, y seguirá transformándose en ellos en ansia de un algo; ese algo que muchos llamamos Dios. El superhombre seguirá buscando su amor como lo ha buscado el hombre, a secas, desde sus albores, cuando apenas había descubierto su propio pensamiento. Y aquellos que no quieren ni oír hablar del tema místico tendrán que luchar en una vida indeciblemente larga —gracias a la genética—, que les resultará aún más larga a ellos, por el ingente esfuerzo consciente que seguirán haciendo por ignorar ese deseo de regresar al creador. De forma paradójica, la «no muerte» no será respaldo del argumento para los ateos, sino una nueva fuente de desasosiego para aquellos que se niegan a admitir que somos algo más que materia manipulable que nace, crece, se reproduce y muere.

¿Y por qué estoy tan segura de esto? Porque hay una cosa más con la que crecí y que me he dejado atrás, intencionadamente, en la narración de mi origen. Y quiero que le prestéis especial atención, si es que ya os habéis empezado a aburrir. Entremezclado con el aire natural y literario que desde la cuna respiré, otro aire, más contundente y revelador que la genética, la filosofía o el realismo mágico literario, me envolvió sin remedio y dio, desde que tengo uso de razón, sentido a toda mi existencia; porque por parte de madre, de padre y de un «Algo» más, soy una persona profundamente creyente. Y a ese aire yo, como miles de millones de humanos más y miles de millones de generaciones anteriores, lo llamo:

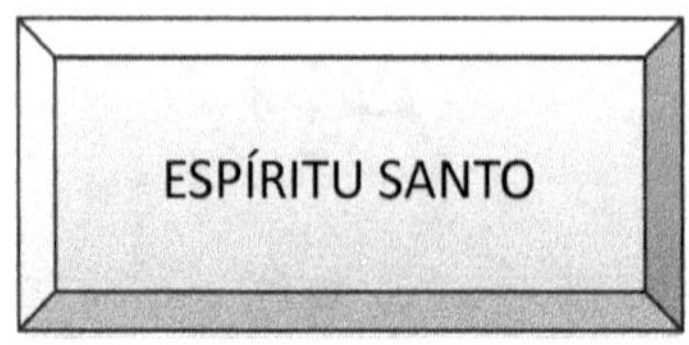

Esta es, sin duda, la *key* del teclado que más veces pulsa un hiperviviente.

Pero...

¡¡¡¿¿¿de qué va este libro, mamá???!!!

Seguro que llegados a este punto es lo que te estás preguntando tú, el más ávido de mis hijos, con esa desesperación que caracteriza a vuestra generación, la más impaciente que ha dado la historia. No tenéis la culpa de eso, el ecosistema ha condicionado el fenotipo, como si de un proceso de selección natural se tratase. Estáis a un clic de distancia de todo lo que queráis conocer, escuchar o ver. Y eso, queridos hijos, os ha transformado.

Porque vosotros no sabéis qué es pasarse las horas de un día entero en la biblioteca municipal recogiendo información de libros muy variopintos y pesados volúmenes de enciclopedia para preparar un trabajo de historia. Vosotros no tenéis que salir de casa para eso, no aguardáis en la cola del mostrador de la biblioteca, no vais pasillo arriba y abajo buscando el libro perfecto para la empresa encomendada, ni leéis cientos de páginas previas hasta dar, por fin, con la respuesta que estabais buscando.

No sabéis esto, como tampoco sabéis de la pericia que teníamos que desarrollar los melómanos de mi generación para pulsar a tiempo el botón «Rec» de nuestro radiocasete y grabar la última canción del artista del momento.

No conocéis la honda frustración cuando, ya creyéndonos en posesión de aquella canción para reproducirla una y otra vez a nuestro antojo, al locutor de radio le daba por meter una cuña publicitaria antes de su épico final. No lo sabéis porque vosotros podéis escucharla siempre que queráis, desde el mismo momento que es lanzada por vuestro ídolo, gracias a las plataformas musicales.

Todo está en Internet, sin desplazamiento ni esperas. Y eso ha tenido dos grandes consecuencias en el desarrollo psicológico de vuestra generación: no toleráis la frustración y dais un relativo valor a las cosas.

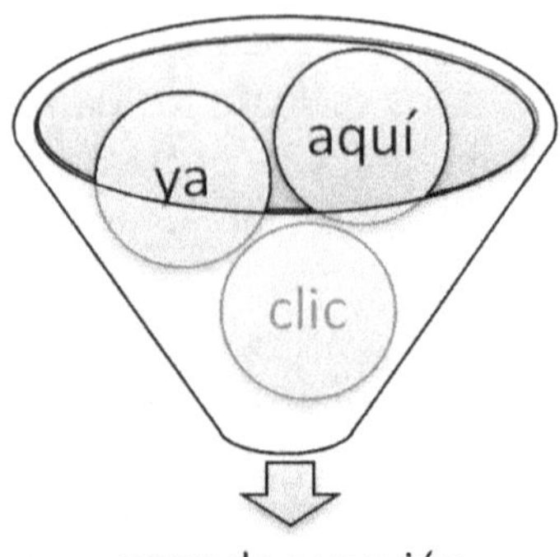

error de conexión

Y aquí llega la discursoide que, para vuestra desesperación, os escribe el *Libro gordo de Petete* —al que no pienso poner siquiera un índice interactivo— y que desde el primer renglón os está diciendo una horrible palabra: espera...

¿Recordáis la risa que nos pegábamos cuando yo imitaba al «hombre de la RAE»? Qué buen personaje era ese. Vamos a rescatarlo del baúl de nuestros recuerdos personales, porque urge que dejéis de pensar en esa palabra como una cosa irritante.

Otra de las aficiones que cultivamos los de mi generación, en aquellos estupendos institutos, fue la etimología. Conocer el origen de las palabras, la evolución que han sufrido hasta llegar al significado que conocemos, te podía sacar de más de un apuro en asignaturas tan dispares como las matemáticas, la biología o el inglés. Cuántas respuestas acertadas en un examen lo fueron por conocer el origen de una palabra, más que por haber llegado a estudiar esa pregunta última del libro que, perdidas ya las fuerzas, te arriesgaste a dejar sin estudiar.

Pues el «hombre de la RAE» os dice que la palabra *esperar* viene del latín *sperare*, y su significado original es «**tener esperanza**».

Tener esperanza... Vaya cambio de perspectiva, ¿no? Así que los de mi generación no solo esperábamos unos treinta minutos —los más pertinaces lo hacían hasta una hora— con el dedo sobre el botón «Rec» de la radio hasta escuchar los primeros compases de nuestra canción favorita, sino que «teníamos la esperanza» de grabarla, de tenerla completa por fin y de ponérsela a nuestros amigos en la siguiente fiesta, orgullosos de haberla conseguido sin interrupciones publicitarias y, casi casi, hasta la última de sus ♪ ♪ ♪

Gritábamos.

Como quien consigue desenterrar un tesoro olvidado en una isla desierta. Sí, la teníamos.

¿Por qué tanto escándalo? Os preguntaréis vosotros, los de la era de Internet. Pues porque habíamos invertido un buen tiempo en ello, nuestro tiempo, y porque la estadística nos había dado pocas expectativas de éxito. Pero nosotros, a pesar de eso, habíamos esperado, albergando la esperanza. Casi nada.

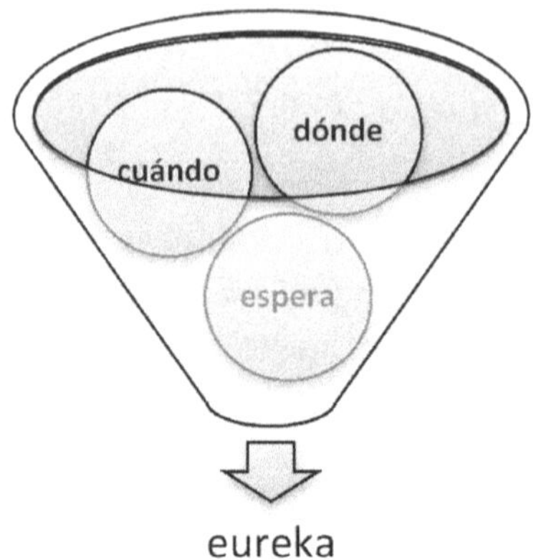

Esperar es una gran cosa, hijos míos. Y si no vais a seguir leyendo este libro, al menos que os quede clara esta máxima: esperar, de *sperare*, de tener esperanza, es la mejor manera que conozco de vivir. Aprended el oficio de la espera y el camino se os hará liviano. Sí, ya lo vais pillando, esa es la tercera:

TERCERA REGLA DEL MANUAL DE HIPERVIVENCIA

Debes tomar alimentos energéticos. El mejor es la esperanza (de *sperare*, de esperar)

Pero ¿de qué va este libro, mamá? Te estás preguntando hasta tú —la más paciente de mi casa— y tu propio padre a estas alturas. Atentos, aquí una

PISTA 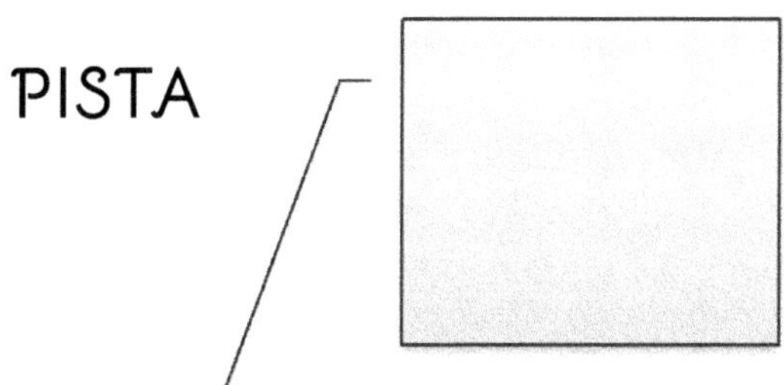

John Ray fue un naturalista inglés del siglo XVII que destacó por sus trabajos en ornitología y sobre todo en botánica, llegando a ser considerado el padre de la botánica moderna. Acuñó una de mis citas favoritas de todos los tiempos:

«Ver es creer, pero sentir es estar seguro».

Un científico —vaya paradoja— lo ha dicho.

Aún no podéis saber de qué va este libro (son las doce de la noche del 13 de junio de 2020 y voy, como vosotros, por el primer capítulo; así que no tengo ni idea). Pero sí os diré una cosa, este libro es para aquellos que ya superaron el conflicto de la razón y que dan credibilidad a aquellas realidades que se presentan en ese otro formato intransferible, intangible e inconmensurable en el que se nos revelan las emociones. Porque cuando VEMOS, ∞ creemos en aquello que los sentidos nos muestran; eso nos permite conocer el entorno, amoldarlo o aprovecharlo; montar una tienda de campaña, hacer un fuego y SOBREVIVIR en él. Pero oídme bien, solo cuando SENTIMOS ♥ conocemos con exactitud esa otra realidad no dependiente de nuestros mortales sentidos y, aun ciegos, sordos y mudos, sin tienda de campaña ni hoguera donde asar la cena, sabemos realmente quiénes somos, a dónde vamos y cómo es ese otro extraordinario escenario que estaba oculto bajo el mundo físico. Entonces la vida ya no será solo una lucha cansina en la que tratáis de sobrevivir, entonces empezaréis a disfrutar del maravilloso regalo que es

¿Os quedáis conmigo un rato? Pues bienvenidos y buen viaje.

RAE: hiper- significa «exceso» o «grado superior» al normal.

CHAU

La segunda regla del manual de hipervivencia dice que debes acopiarte de un buen arsenal, y que empieces con la humildad y la empatía. «¿Y dónde las encuentro?», te estarás preguntando. Creo que sé dónde encontrar la primera.

La humildad es un arma muy tímida, ya sabes, no le gusta pavonearse delante de las demás armas y, además, ni siquiera está segura de ser una buena arma, extasiada como está admirando los poderes de las otras. Así que su búsqueda puede llevarnos un rato. Debemos ir «¡CHSSS!», silenciosos, no le gusta el ruido, pues le parece ostentoso; y con los ojos bien abiertos porque puede pasarnos desapercibida. Y, sobre todo, tenemos que ir ligeros, muy ligeros, porque solo será nuestra si al encontrarla pesamos menos que ella.

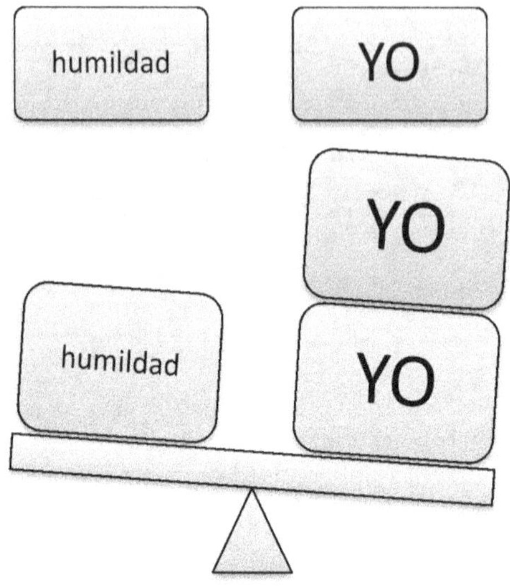

—Pues vaya un plan.

Estás pensando tú, el más hambriento, imaginando que ahora te toca dejar de comer o algo parecido... Tranquilo, no se trata de ese peso. Sin embargo, sí que cargáis con otra masa de la que tendréis que deshaceros, si es que queréis contar con humildad en vuestro arsenal. Se trata de una molesta perturbación que nos hace muy pero que muy pesados: la soberbia —siempre ha de ser el primer enemigo a batir si de verdad quieres ser un buen hiperviviente—. La soberbia humana, que es tan grande a veces, que impide que nos agachemos para recoger a humildad.

¿Y cómo vamos a quitarnos de encima una carga tan pesada? Bueno, podemos probar a hacerlo como lo aprendí a hacer de la abuela Carmen. ¿Os acordáis? ¿Lo de mirar el mundo, dejarse embaucar por su belleza e inclinarse ante la grandeza de la vida? Atentos, toca un rato de ciencia (y algo de filosofía).

Resulta que el ser humano está formado por billones de células. La célula es como el más diminuto de los espectáculos vivientes de la tierra. Es un todo en sí misma que reproduce a pequeña escala lo que hacemos todos los seres vivos complejos en este planeta: nacen, crecen y se relacionan, se reproducen y mueren. Todo eso, todas esas funciones, en un tamaño increíblemente pequeño —siete micras, ¡siete micras!, miden algunas células de nuestro cuerpo—, sincronizadas con más precisión que un reloj suizo.

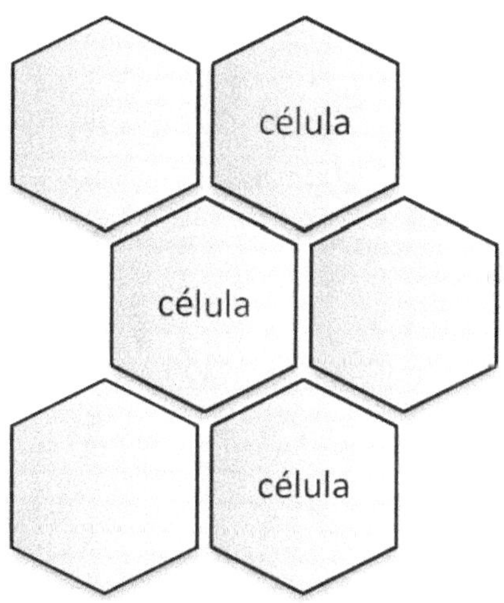

La célula se nutre como nosotros, respirando el mismo aire. Crece y se especializa en un determinado trabajo: neuronas, miocitos, adipocitos, queratinocitos. Una variedad ingente de morfologías que les permiten funcionar como tarjetas de memoria (neuronas), como objetivos fotográficos (conos y bastones), como cuerdas de guitarra (las células vocales), como reproductor de sonido (las células ciliadas del oído), como miles de cosas más; que alcanzan una organización superior, asociándose por «familias» para elaborar tejidos. Tejidos que a su vez conquistan un grado más en esa especialización constituyéndose en órganos y después en sistemas. Sistemas que nos permiten nutrirnos para crecer, para relacionarnos y reproducirnos, y así dar una nueva generación de personas antes de morir... ¿Os suena? Sí, iguales que las células —pero un millón de micras más grandes—, nosotros, los humanos.

Así que la partícula más pequeña viva se organiza en todo un individuo que repite lo que la partícula más pequeña viva quiere hacer por encima de todo: perpetuar esa **VIDA** que hay en ella.

Debe de ser una cosa importante eso de la vida, cuando la partícula primera que goza de ese don organiza a todo un individuo de más de un metro de longitud y varias decenas de kilos de masa para que repita, a gran escala, lo que ella misma ya había aprendido a hacer. Fijaos en este detalle, la vida más simple se abre paso a través de nuevas formas de vida más complejas que se abren paso a través de esas formas de vida más simples.

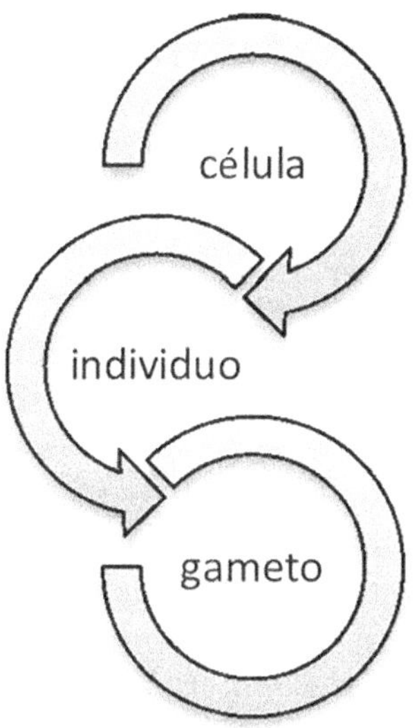

La pescadilla que se muerde la cola. Me encantan estas cosas. Sigamos.

De todas las células del cuerpo, hay unas muy especiales que se comportan de una forma diferente a la hora de reproducirse. El resto de células se replican, duplican su contenido para dividirse en dos células exactamente iguales a la primera. Conservan la misma información genética que la progenitora. El proceso se llama mitosis y lo estudiaréis con más profundidad en unos años (espero que a ningún «iluminado gobernante» le dé por ningunear a la biología, como ya hicieron con la filosofía en los planes educativos).

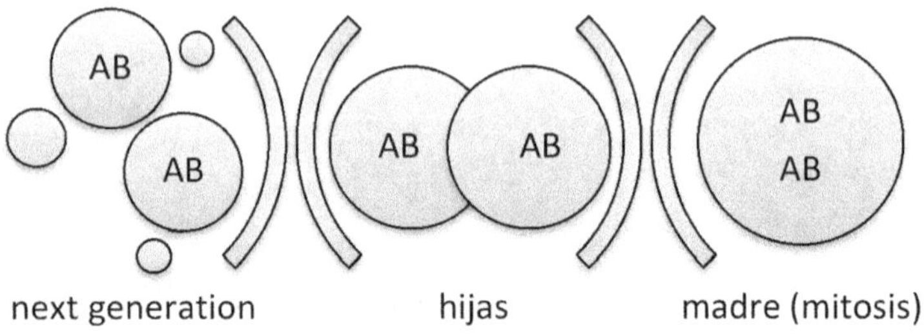

Sin embargo, esas otras células especiales de las que os hablo no siguen ese patrón. Estas células están implicadas en la reproducción, no en la reproducción de ellas mismas (para eso no necesitan especializarse, porque ya sabéis que es una función natural de toda célula), sino en la reproducción del individuo que conforman. Estas, a diferencia de las otras, al llegar el momento de dividirse no duplican su contenido para generar dos células idénticas a la primera, sino que lo dividen, quedando las hijas con la mitad de la información genética que tenía la primera.

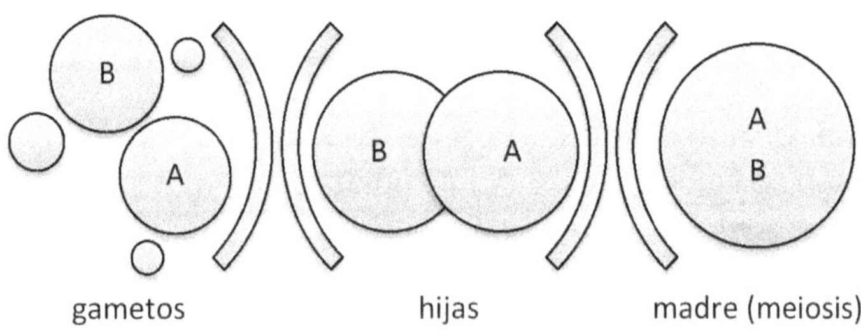

El proceso se llama meiosis. Las células hijas son como medias mitades de células, las únicas así en todo vuestro organismo: los gametos (óvulos y espermatozoides).

Los gametos son células incompletas. No tienen la misma cantidad de información que el resto. En su formación ha habido una especie de fallo y se han quedado a medias. Y ya no pueden hacer otra cosa, no hay vuelta atrás, se han quedado con la mitad del material genético que deberían tener...

Pero no solo hace eso —engendrar células a medias— vuestro sistema reproductor. Hace otras muchas cosas más; entre otras, produce unas hormonas (las hormonas son unas sustancias que circulan por el cuerpo y modulan la actividad de un tejido concreto) como son la dopamina, la endorfina, la serotonina y la joya de la corona, la testosterona. No os voy a aburrir aquí con las funciones de cada una de ellas, ya las buscaréis en Google si estáis interesados en profundizar en el apasionante mundo de los reguladores químicos. Pero sí me interesa que sepáis el efecto que tendrá en vosotros la mezcla de todas ellas en algún momento de vuestras vidas. Este **cóctel molotov**, vertido con generosidad en vuestro organismo, será responsable algún día de que sintáis deseo, placer, felicidad en presencia de algún semejante vuestro. Será responsable, en definitiva, de que os enamoréis, de que podáis mantener una relación, completamente seguros de que estáis en presencia de vuestra

(media-naranja)

Y, si es vuestra intención, será responsable de que podáis engendrar hijos.

Así que vuestro sistema reproductor no solo ha hecho algo tan absurdo como producir células a medias, sino que, encima, va a ser el causante de dejaros, en algún momento de vuestras vidas, en un estado de total enajenación mental, bebiendo los vientos por una persona a la que, gracias a las hormonas, no encontraréis defecto alguno y quedaréis enganchados a ella, sintiendo una fuerte adicción semejante a la que provocan las drogas en nuestro cerebro.

Sí. ¡Boom! ¡Boom! ¡Boom!

Vaya un plan (estaréis pensando ahora mismo). Bueno, al menos espero que papá, como yo, no encuentre abusiva esta dictadura química que tanta felicidad nos ha propiciado...

Bueno, recordad que hay unas células ahí, en vuestro cuerpo, que se han quedado a la mitad, que les falta información. Y creedme ahora cuando os digo que se han buscado muy bien la vida para arreglar ese asunto, ¿no os parece? Os necesitan a vosotros, individuos, para que las acerquéis a unas células semejantes, otros gametos, con los que poder fusionarse y completar así el juego de cromosomas (información genética).

Vuestros gametos quieren dejar de estar solos, saben que en algún lugar del mundo hay una media naranja suya esperándolos, y han ideado una mezcla explosiva de hormonas que os hará llevarlos hasta esa otra media mitad de célula que los completa. Sois, simple y llanamente, súbditos a las órdenes de esa partícula ínfima, portadora de VIDA, cuya única finalidad es la de perpetuarse una y otra vez, pues sabe muy bien que es la única que porta el don más preciado de todo el universo conocido... Aquí es cuando pensamos:

Sí…, ¡guau! *Guau* es lo que había en los ojos de la abuela Carmen cuando me explicaba estas cosas. *Guau* es la forma en que se quedaba mi cerebro al escucharla. *Guau* es una forma de estar en el mundo, una actitud. *Guau* es una palabra también —«el hombre de la RAE» y el abuelo Pepe os recordarán que en su segunda acepción del diccionario es «una interjección que indica admiración ante algo muy grande, muy bueno o muy bonito»—; de hecho, es la palabra más mágica de todo el diccionario. La que más veces en su vida pronuncia un verdadero hiperviviente. Porque con cada uno de los *guaus* que pronunciéis exhalaréis lastre; en forma de aliento se irá ese peso que nos perturbaba y que no nos dejaba hacernos con humildad en nuestro arsenal. Porque *guau* es el conjuro que ahuyenta a soberbia-humana y nos hace ligeros como plumas. Ahora podemos recoger a humildad.

> ## CUARTA REGLA DEL MANUAL DE HIPERVIVENCIA
> ### Guau es el santo y seña para reconocer a otros hipervivientes y hacerse con el arma humildad

Pero ¿por qué ha surgido el *guau* en mí? Os podréis preguntar. O por qué no surge en aquellos que no pasan de ser simplemente unos supervivientes. Bueno, es algo que no puedo saber con certeza. Pero no debemos subestimar el poder de soberbia-humana. Es muy posible que los supervivientes estén gravemente sometidos a su embrujo y no puedan escapar de la cárcel de su **YO**. Para poder empezar a sentir el *guau* en nuestra vida, uno tiene que dejar de observarse, de creerse superior al universo que lo rodea. Porque *guau* es pasión y rendición ante algo ajeno a nosotros mismos. El hombre ha hecho, y aún hará, cosas magníficas. Sin duda. Ha creado ordenadores (algo que funciona como un cerebro humano), ha creado instrumentos musicales (algo que funciona como una cuerda vocal), ha creado cámaras fotográficas (algo que funciona como nuestra retina), ha creado reproductores de sonido (algo que funciona como el oído humano)... Ha copiado, de forma magistral, lo que ha aprendido de la naturaleza. Mientras más se parecen sus inventos a la propia naturaleza, más eficaces resultan. Pero la patente, la idea original, no parece haber sido suya... Al menos, es justo admitir que el mentor del universo nos lleva alguna ventaja intelectual.

Esto es algo que hasta los soberbios tienen que admitir. El verdadero problema para ellos comienza cuando tienen que admitir que su **YO** tan especial y querido, tan trabajado, esa obra de la que tan orgulloso se sienten, puede que no sea creación propia al fin y al cabo, y que el mentor de todo este universo supereficiente también esté detrás de su propia existencia. ¡Ay, amigo!

Ahí es cuando soberbia-humana saca sus garras para pelear contra esta idea. Pero ya profundizaremos más adelante en esta controversia, cuando hablemos de la relación del hombre con la idea de Dios.

Por ahora me conformo con que os haya quedado claro cómo debéis empezar a buscar la humildad y cómo reconocer a otros hipervivientes con los que os resultará muy grato compartir la aventura de estar híper-vivos. El secreto está en el *Guau*.

Son las dos de la madrugada. Creo que es hora de hacer lo que lleváis haciendo un buen rato ya vosotros. Buenas noches, hijos.

CURIOSIDAD: Cuando una célula envejece y ya no puede reproducirse más es capaz de «comerse» a sí misma. Esto conlleva su propia muerte, pero las moléculas que deja sirven de nutriente a las células de alrededor.

3-
EN-
UNO-

¡Buenos días! Son las diez de la mañana del 14 de junio de 2020, he visto un nuevo amanecer y ya van cuarenta y tres (*¡guau, guau, guau!*). Hoy hace un espléndido día. He desayunado tostadas con aceite y tomate y un gran vaso de colacao muy frío. Ya os habéis despertado y estáis desayunando también vosotros. Habéis dormido bien. Tú, la que más sueña, has tenido esta noche un sueño muy de los tuyos. Me lo has explicado, como siempre haces, usando las palabras precisas para que yo pudiera entenderlo. El procesador de texto de mi cerebro ha descodificado esas palabras tuyas y las ha transformado en imágenes, de forma que mientras escuchaba tu narración he podido contemplar ese mismo escenario en el que has pasado parte de la noche.

Veo tu mar, marino oscuro porque hoy no has soñado en blanco y negro. Veo la orilla dorada que ves tú, bastante alejada de tu posición. Veo la aleta del tiburón, gris plateada, surcando el agua en torno a ti. Pero no resulta amenazante la estampa, pues me has aclarado que se solo trata de un tiburón limón. Contemplo tu expresión relajada transformarse en una desconcertada al tiempo que te hundes bajo el agua para comprobar que este tiburón resulta ser un ejemplar inquietantemente grande para su especie... Tanto que te despiertas.

FIN

Yo no recuerdo qué he soñado esta noche, pero ahora soy propietaria de tu sueño. Gracias a las palabras, se ha producido un traspaso de información desde tu cerebro al mío, y ahora tu sueño está en mi base de datos. No hemos necesitado extender cables entre nosotras, ni he tenido acceso vía wifi a tus ondas cerebrales. Solo estaban el aire entre nosotras, las cuerdas vocales de tu garganta vibrando y un código alfabético que reconocen nuestros cerebros: las palabras.

¡Guau!

Pero las palabras nos permiten algo todavía más extraordinario que un simple traspaso de información objetiva. ¿Recuerdas que las dos primeras armas que pretendemos almacenar en nuestra mochila son la humildad y la empatía? Vamos a tratar de encontrar la segunda o, al menos, os voy a contar cómo aprendí del abuelo Pepe y su amor por las palabras a reconocerla. Atentos, toca un rato de literatura (y algo de filosofía).

Podemos hacer un símil con el capítulo anterior y, si en él hablábamos de la célula como la partícula más pequeña con vida propia, hablar ahora de la palabra como la partícula más pequeña que contiene pensamiento. Porque se puede transmitir un mensaje con una sola palabra. Aunque nuestro hablar nos recuerde a Tarzán hablando con la mona Chita, es posible. El origen del lenguaje en los seres humanos está estrechamente ligado a su capacidad de pensar. Nos resulta muy difícil concebir el pensamiento complejo humano sin la capacidad del lenguaje. Si me pregunto a mí misma: ¿en qué piensas cuando piensas? Pues puedo estar pensando que tengo hambre, que estoy aburrida o que el universo es un lugar inhóspito, como bien me explicaba un día vuestro primo. Pero para que todos esos pensamientos cobren sentido en mi cerebro, los he concretado en palabras o, incluso, es que ya tenían forma de palabras mis pensamientos. ¿Quién fue primero, la palabra o el pensamiento? Esta pregunta está a la altura de la de la gallina o el huevo, sin duda.

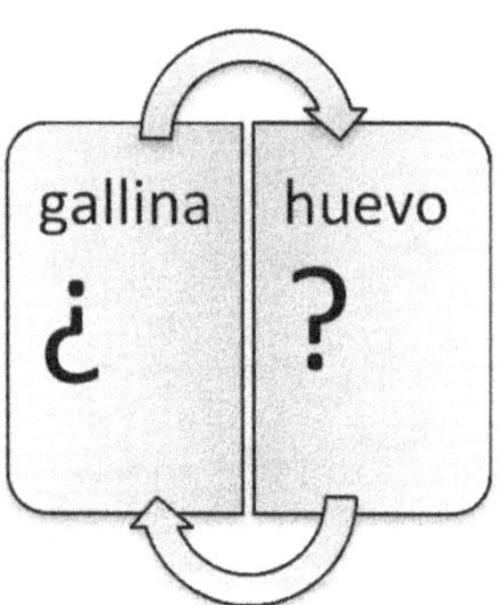

Esta conexión entre razón y lenguaje se ha establecido desde siempre. La palabra griega *logos* significa pensamiento o razón. Esta palabra, que dio para muchas conversaciones entre los filósofos más ilustres, se tradujo al latín por la palabra *verbum*, que quiere decir verbo, y en nuestro idioma el verbo es lenguaje, la capacidad de expresarse con palabras. ¿Os dais cuenta? *Logos-verbum*-palabra, conceptos tan estrechamente imbricados que apenas se distinguen; pensamiento-palabra.

ΑΩ

En la narración sobre la creación del universo que leemos en el Génesis, se nos muestra a un Dios parlante, que va constituyendo las cosas a medida que lo ordena. Sus palabras «sea la luz», «haya lumbreras en la expansión de los cielos», «produzcan las aguas seres vivientes» son las protagonistas en este capítulo. Nombra a las cosas que constituye; el *logos* o el verbo de Dios, que para el texto bíblico es lo mismo.

ΑΩ

En el primer capítulo del Evangelio de San Juan, también encontramos estos términos:

«El principio de todo era el Verbo, Verbo que estaba con Dios, que era Dios».

Para San Juan, el principio de todo el universo fue el pensamiento. El pensamiento que estaba con Dios, que era Dios. Muy cerca de lo que pensaba Heráclito, el filósofo griego, cuando hablaba del *logos* como «la razón o la ley detrás del funcionamiento del universo». Palabra y pensamiento... y origen de todo en ambos textos. Fijaos en ese detalle.

AΩ

Estaréis de acuerdo entonces en que una **palabra** no es poca cosa si encierra **pensamiento**, igual que una **célula**, por pequeña que sea, que tiene **vida**. E igual que las células, las palabras se asocian y forman mensajes cada vez más complejos, lo que nos permite a los humanos transmitir informaciones cada vez más ricas. Y no solo hablo de detallar con precisión un objeto, un paisaje o un color; hablamos también de que ese lenguaje tan especializado nos permite describir sensaciones subjetivas, emociones..., lo intangible que se pasea por nuestra inspiración.

Siempre he imaginado lo frustrante que debe de resultar la vida de un bebé. Puede sentir frío, hambre, sueño, y ante esas sensaciones no puede lograr más que un llanto desesperado. No puede transmitir lo que le pasa, carece del idioma necesario para contárselo a su madre, carece de un nivel de pensamiento elaborado. Pero cuando el bebé comienza a hablar, ¿imagináis qué sensación? Reconocer la sed en su boca y ser capaz de decir «agua» y ver cómo, al instante, las personas que lo cuidan le acercan un biberón repleto de ese líquido que le quita de forma inmediata la incómoda sensación de la garganta. «Vaya un triunfo», pensará el bebé. Bueno, no podrá pensarlo aún, porque no conoce la palabra «triunfo», pero desde luego ya se está familiarizando con la sensación subjetiva que provoca el triunfar y es una sensación tan chula que querrá ponerle un nombre en cuanto pueda.

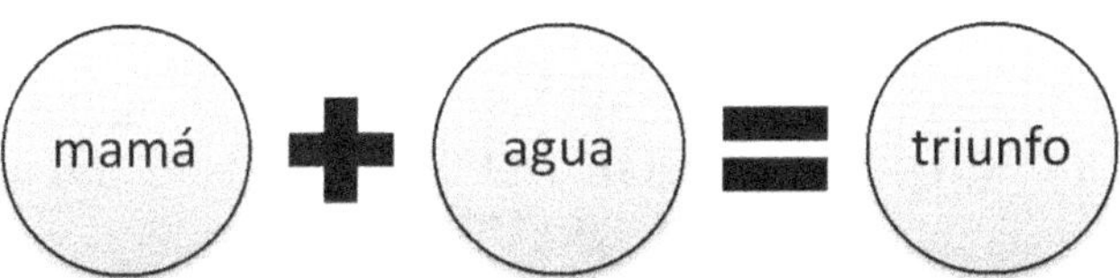

Esta anécdota de la vida infante puede trasladarse a cotas adultas. De igual modo una persona puede sentir esa frustración del bebé si no tiene recursos lingüísticos suficientes para expresar alguna emoción que la embarga. Si hay cosas que no podéis expresar con palabras, no podréis explicároslas a vosotros mismos, y no podréis tampoco compartirlas con algún semejante. Algunas personas descuidan mucho este progresar que debéis tener en el conocimiento de la lengua, e imagino a esas personas detenidas en un estado de profundo extrañamiento en algunos momentos de sus vidas, al no poder explicar lo intangible que se pasea por su inspiración. Si no se potencia el lenguaje, tan estrechamente unido como hemos visto al pensamiento, no se desarrolla el pensamiento. Y el pensamiento es algo que un hiperviviente debe mantener al máximo de su rendimiento, porque si vamos a vivir la vida en un grado superior al normal, tendremos que tener una capacidad de razonamiento a ese nivel, o no nos daremos ni cuenta de la vida superespecial que estamos viviendo.

QUINTA REGLA DEL MANUAL DE HIPERVIVENCIA

Mantén engrasado el cerebro. Los libros son el mejor 3-en-uno

---

¿Y qué tiene todo esto que ver con la empatía? Recordad que estábamos buscando esa arma para nuestro arsenal.

La empatía es una capacidad exclusiva de los humanos. La podemos definir como la capacidad de identificarse con alguien y compartir sus sentimientos. Los libros son un instrumento fantástico para hacernos con buenas dosis de ella. Gracias a los libros penetramos en los entresijos de la mente de unas vidas ajenas, que a veces poco o nada tienen que ver con nuestras propias realidades, por escandalosas, por agresivas, por disparatadas. Pero a través de las palabras, las que el autor pone en boca o pensamiento del personaje, podemos llegar a comprender los motivos detrás de unos comportamientos que, *a priori*, nos urgía juzgar y condenar.

NO   NO

Este ejercicio inconsciente que realiza la mente al leer ficción consigue que abramos el pensamiento a nuevas posibilidades porque podemos ver las cosas desde otros puntos de vista según el discurso emitido, y nos predispone, de una sutil forma, a no precipitar nuestros juicios en la vida real y a saber ponernos Este ejercicio inconsciente que realiza la mente al leer ficción consigue que abramos el pensamiento a nuevas posibilidades porque podemos ver las cosas desde otros puntos de vista, según el discurso emitido, y nos predispone, de una sutil forma, a no precipitar nuestros juicios en la vida real y a saber ponernos en el pellejo de los demás más a menudo.

Recordad, todo lo que es decible (palabras) es potencialmente comprensible. Y comprender es la base de la empatía. Es necesario ser empático para ser un buen hiperviviente, porque un hiperviviente es ante todo un ser que está en paz. En paz con sus semejantes, porque los ♥ comprende ♥ y ♥ respeta ♥.

Pero hay una cosa más que hará la empatía por vosotros. A veces no entenderéis vuestra propia forma de caminar, o puede que en el camino encontréis perturbaciones: un huracán que os haga trizas el mapa, una señal en el camino que no tiene ningún sentido para vuestra estructurada razón o un lugar donde la brújula marca una orientación en contra de vuestro propio sentido espacial. Puede que esto os lleve a sentir desazón, a sentiros enfadados con vosotros mismos: «¿Cómo puede ser que esté dando estos pasos atolondrados con lo bien que sé caminar yo? ¿Cómo puede la brújula estar marcando el norte donde yo sé muy bien que se encuentra el sur?».

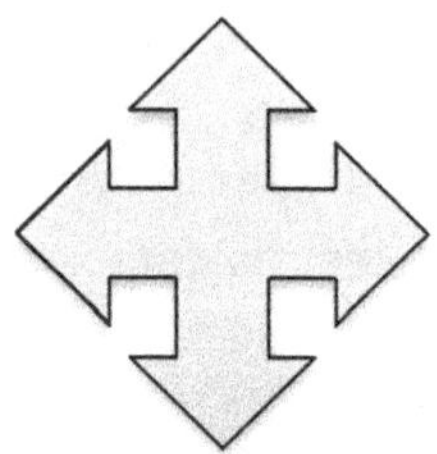

Pero si habéis seguido mi consejo, si habéis leído mucho, ya habréis sentido que, al menos emocionalmente, comprendíais las actitudes de algún personaje literario que os resultaba, cuando menos, desagradable. Así que ahora que vuestro propio deambular en el camino os está resultando de alguna forma inapropiado, podéis imaginaros a vosotros como ese personaje que era completamente idiota, o aquel otro que era torpe, o ese aborrecible egoísta que no era capaz de ver nada más allá de sus narices, y podéis recordar que, en algún momento de esa lectura, llegasteis a comprenderlo, a reíros con él, a compadecer su suerte o a sentir sus emociones. Igual que no lo juzgasteis a él de una forma precipitada, no os vais a juzgar a vosotros mismos ahora. Antes que perder el tiempo en eso, poned palabras a lo que os pasa, a cómo os sentís, como si fuera un párrafo del libro que estáis leyendo, y tratad de hacer luego una lectura comprensiva de ese personaje novelesco vuestro que parece haberse hecho ahora con el mando y os lleva por otro sendero.

Siempre tendréis tiempo de convencerle de que puede estar en un error, pero jamás lo conseguiréis si lo juzgáis y condenáis y rompéis por completo la amistad con él.

Y es que un hiperviviente es ante todo un ser que está en paz. En paz también consigo mismo, porque se ♥ comprende ♥ y ♥ respeta ♥.

CURIOSIDAD: La palabra más concisa del mundo es *mamihlapinatapai*, una palabra tomada del idioma que hablan los nativos del archipiélago de Tierra del Fuego (extremo sur de Sudamérica). Su significado es: «Una mirada entre dos personas, cada una de las cuales espera que la otra empiece una acción que ambas desean, pero que ninguna se anima a iniciar».

Así que ya estamos más o menos armados gracias a los **guaus** y a los **libros** que llevamos en la mochila. Y es posible que ahora mismo estéis dudando, mucho, de la eficiencia de estas cosas. Creedme, yo también dudaría y ya os adelanto, además, que en el camino os cruzaréis con algunos exploradores que se mofarán de vuestras armas.

Sí, para qué vamos a negarlo, no es muy alentador.

Veréis, en el mundo hay muchos tipos de exploradores. No todos son iguales. Algunos no pasan de ser supervivientes, y en sus típicos manuales de supervivencia, ni

ni

aparecen catalogadas como recursos imprescindibles para el viaje. Es posible que

sí aparezcan en el manual de esos chicos. También es posible que os encontréis con verdaderos profesionales de la supervivencia, incluso expertos en supervivencia castrense, y

Pero sigamos con lo nuestro. Estábamos con nuestras recién adquiridas armas: humildad y empatía. Y me gustaría recordar aquí cómo hemos llegado a ellas: con las CÉLULAS del fascinante universo natural de vuestra abuela (y algo de filosofía) y las PALABRAS del alucinante mundo literario de vuestro abuelo (y algo de filosofía). Células y palabras. La unidad más pequeña que contiene vida y la unidad más pequeña que contiene pensamiento. VIDA y PENSAMIENTO. Y algo de filosofía. Sí, lo habéis acertado, toca un rato de filosofía.

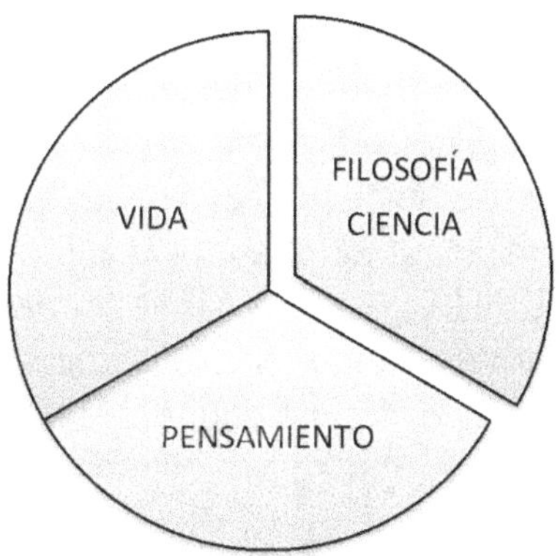

La vida y el pensamiento, presentes ambas cualidades en el ser humano, son un verdadero quebradero de cabeza para algunos supervivientes. Intentaré explicaros por qué.

Hay muchas formas de definir la vida, desde las más semánticas («fuerza o actividad interna sustancial mediante la que obra el ser que la posee») a las más biológicas («estado de actividad de los seres orgánicos»), pasando incluso por algunas muy filosóficas («espacio de tiempo que transcurre desde el nacimiento hasta la muerte»).

En realidad no hay una forma simple de definir la vida. La vida no existe por sí misma, no es algo que podamos estudiar como un objeto aislado, sino que es una cualidad de los seres que la poseen. Decimos que alguien pierde la vida cuando pierde las cualidades que tenía antes. Pero no podemos ver a la vida saliendo de ese cuerpo. Un científico no puede estudiar la vida en sí, sino a los seres que están vivos. Y los «seres que están vivos» son un grupo extremadamente heterogéneo, con características morfológicas y funcionales tan diferentes que resulta complicado sacar un patrón común.

La preferida de mis definiciones es una que tiene un cariz biológico (como no puede ser de otra manera, pues amo esta ciencia), pero que sorprende por cierta apertura hacia lo filosófico. Aparece en mi libro más querido de la carrera: **BIOLOGÍA DE HELENA CURTIS** o «el Curtis», como cariñosamente lo llamábamos en la universidad (sí, es ese tocho de la estantería del salón que siempre os señalo cuando os quejáis de la cantidad de temas que os entran en el próximo examen).

Y dice así:

«Los seres vivos son sistemas altamente organizados y complejos, que obedecen a las leyes de la física y la química, pero presentan propiedades que no pueden ser anticipadas a partir de sus componentes individuales (átomos y moléculas)».

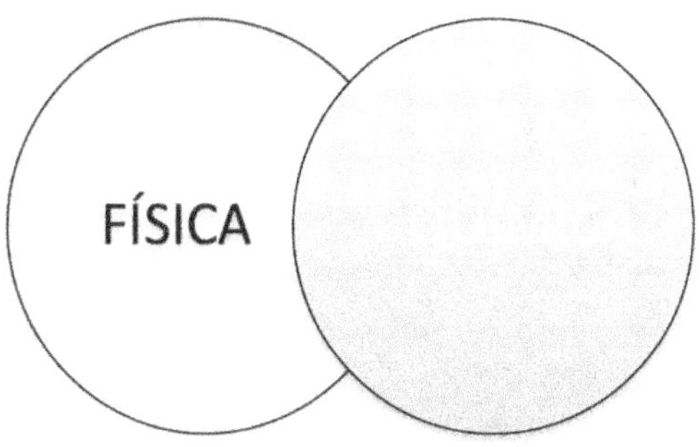

Me gusta esta definición. Me gusta mucho esta definición. Hay en ella algo que anuncia un misterio. Admitir la imposibilidad de anticipar las propiedades que va a tener un ser vivo a partir de las cosas de las que está hecho es casi como admitir que

Y soy una entusiasta de esa afirmación. Siempre me ha parecido más hermoso, divertido y rico un mundo en el que dos más dos no suman cuatro. Un mundo que desafía a las mismísimas ciencias exactas es un mundo lleno de posibilidades, ¿no creéis? Eso es, precisamente eso. Dos más dos no suman cuatro y los seres vivos, en su complejidad, superan con creces las capacidades de la materia de la que están hechos.

Creo que en esta definición está implícito el hecho de que la vida es algo más que la suma de sustancias orgánicas y químicas. Abre la puerta a un algo más que no era esperado y que no se puede aún explicar.

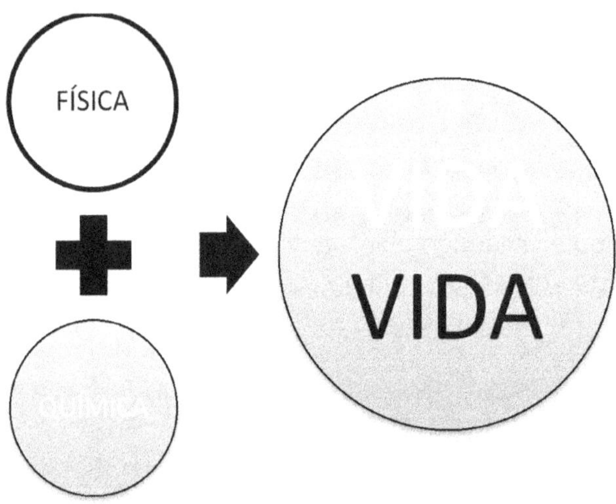

Y aquí tenemos el primer quebradero de cabeza para los supervivientes. De hecho, es el primer quebradero de cabeza para el mundo científico: no se ha podido aún explicar el origen de la vida en la tierra. Y eso es malo para un superviviente, claro, porque ellos tienen que conocer el medio en el que viven a la perfección y así sus posibilidades de adaptarse a él o someterlo serán mayores, y mayores también sus probabilidades de sobrevivir.

Pero no hay un consenso para la vida. Los científicos han emitido muchas teorías al respecto. En «el Curtis» podéis leerlas, al principio de todo el tocho. Es una lectura preciosa que deberíais hacer. Algunas hipótesis son muy acertadas desde mi personal punto de vista, de una belleza y sabiduría propias de la naturaleza, con una lógica que admite pocas objeciones… Salvo una: hasta la teoría más elaborada de todas las emitidas necesita suponer la preexistencia de una primera célula viva. Los biólogos la denominamos «**EL ANCESTRO COMÚN**». Y nadie, hasta la fecha, sabe cómo surgió o de dónde vino esa primera partícula mínima con vida.

Así que tenemos al superviviente y a los científicos en un callejón sin salida con el tema de la vida.

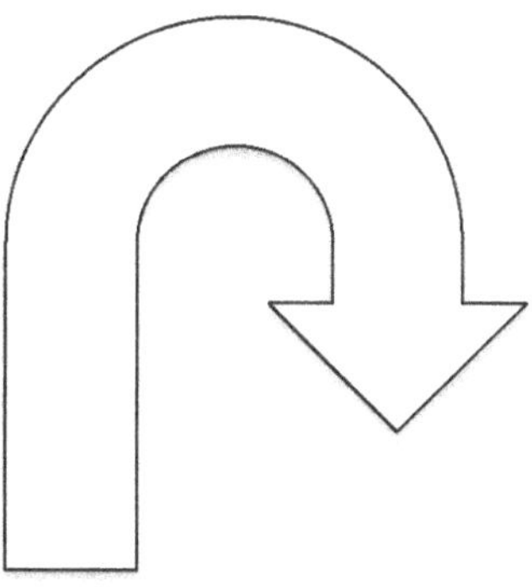

El otro centro de la controversia es el pensamiento. Tampoco es fácil su definición y también nos encontramos aquí con variedad de intentos, desde los más intuitivos («capacidad que tienen las personas de formar ideas y representaciones de la realidad en su mente») hasta los más complejos, propios de ciencias como la psicología o la neurobiología.Tampoco el pensamiento es algo que tenga entidad propia y pueda ser estudiado por un científico como un objeto de estudio aislado; vuelve a ser una cualidad del sujeto que piensa.

Y también, como ocurría con la vida, el pensamiento complejo humano no parece responder a la ecuación «dos más dos son cuatro». No se trata del número de neuronas, o de la complejidad de sinapsis entre ellas; el salto cualitativo que supone pasar de una interacción físico-química entre las neuronas a la experiencia subjetiva de la consciencia es algo a lo que aún no se ha podido dar respuesta.

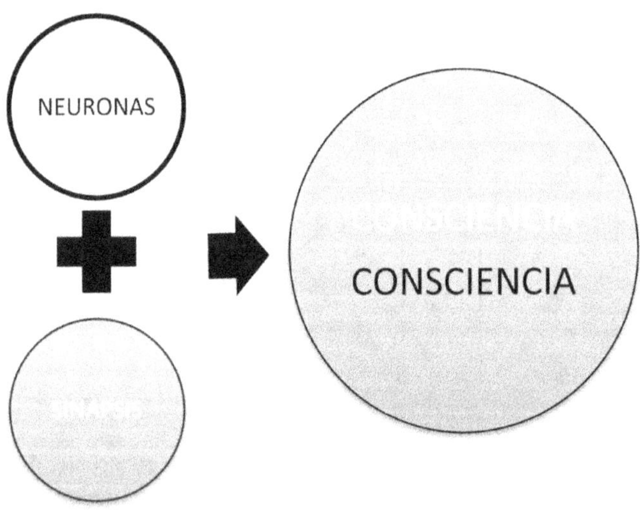

Hay una propiedad en el órgano final (cerebro) que no se podía anticipar como resultado de las propiedades de sus partes constituyentes, y es la capacidad que tenemos los humanos de reconocernos como individuos, la conciencia de ser un «yo» diferenciado del entorno. A partir de un órgano físico, objetivo, hemos llegado a la experiencia consciente, subjetiva. Y no hay forma de casar esas dos realidades a través de la ciencia. Parece que la consciencia también es algo más que un montón de superneuronas superconectadas.

Otro callejón sin salida, otra realidad del entorno físico que no podemos conocer en profundidad, al menos por ahora.

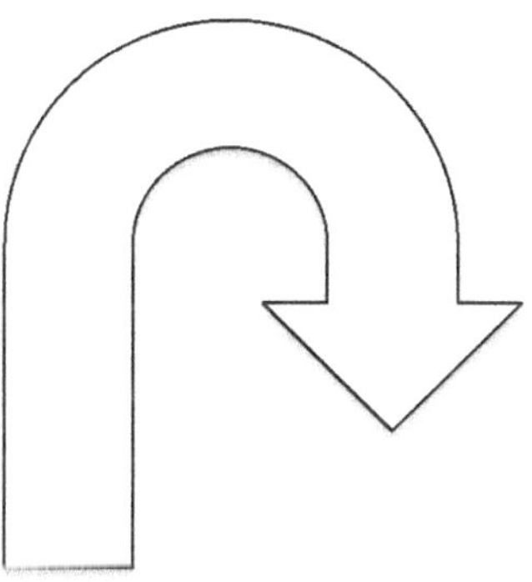

Y los supervivientes que necesitan tener el control del medio para sobrevivir deben conformarse con conocer solo hasta cierto punto la vida que pretenden salvaguardar; no tienen todas las reglas del juego. Es algo muy frustrante para ellos.

¿Pero qué pasa con los hipervivientes? ¿Acaso ellos no quieren conocer el camino que transitan? ¿Es que a ellos no les importa sobrevivir?

De ningún modo podéis pensar esto. Los hipervivientes son los exploradores más vitalistas que hay sobre la tierra. Les gusta la vida. Les gusta mucho la vida. Y tienen una capacidad extraordinaria para gozarla. Ya os he dicho que son unos exploradores especiales. Ellos entonan el mayor de los **GUAUS** ante el misterio del origen de la vida, y otro igualmente sonoro ante la consciencia humana. Se maravillan ante estos hechos y no les preocupa si suponen o no una barrera para las ciencias experimentales. Porque, si prestasteis atención al primer capítulo, recordaréis que este libro estaba pensado para aquellos que ya superaron el conflicto de la razón. Los hipervivientes, aquellos capaces de vislumbrar ese otro mundo oculto bajo el escenario físico, están preparados para usar la linterna de **SENTIR** en aquellos lugares donde ya no es posible usar la linterna de **VER**...

SEXTA REGLA DEL MANUAL DE HIPERVIVENCIA

No olvides las pilas para la linterna de sentir

Así que hay un lugar donde el superviviente se atasca. Su linterna de ver no arroja más luz sobre esa senda oscura y profunda que se abre ante él. No puede penetrar en ella, pues tiene miedo a tropezar. No puede disfrutar de ese tramo invisible a la luz de su linterna; no puede describir su forma, no sabe si en él hay enormes árboles de copas doradas o si el camino está salpicado de flores de hermosos colores. No puede porque no lo ve.

Sin embargo, el hiperviviente hace un rato que apagó su linterna de ver. Sabe que es inútil en esa senda, no sirve la luz blanca para iluminar aquello que no es *iluminable*. Pero no se atasca como el superviviente y sigue su camino. Puede que oiga desde lejos al resto de exploradores gritarle:

—¿Dónde vas? ¡Por ahí no puedes ir! ¿Cómo vas a montar la tienda si no ves ni el terreno que pisas?

Os avisarán todo el tiempo. El resto de exploradores estará siempre avisando de los peligros. Su manual de supervivencia lo indica bien clarito: «No adentrarse en lugares de baja visibilidad».

Pero es que ellos no llevan más que una linterna. Claro.

Los hipervivientes han encendido esa otra linterna y ahora están sintiendo. Llevan los ojos cerrados, ya no les sirven de nada en ese tramo, pero siguen caminando seguros, porque esa otra linterna es igual de efectiva que la de ver para ciertos lugares.

Y poco a poco se va ensanchando la sonrisa en sus labios; a cada paso ciego que dan, ríen un poco más. Porque empiezan a sentir. Y ahora aparecen ante ellos nuevos conocimientos, cosas que no saben los supervivientes. Y ven que ese origen inexplicable de la **vida** está iluminado como si cien soles vertieran sus rayos sobre él. Y que ese salto incomprensible entre cerebro complejo y **consciencia** revolotea dentro de ellos con la fuerza de un millón de mariposas batiendo sus alas al unísono. Y acaban riendo a carcajadas porque ahora están seguros, más seguros que cuando solo veían con su linterna de luz blanca, de que **DIOS** se llama el origen y **ALMA** ese cosquilleo interior que les hace conscientes.

$$A\Omega$$

Y ya poco les importa que no vayan a ser capaces de montar la tienda a oscuras o de encender una hoguera para asar lacena, si habrá peligros en el camino o si podrán sobrevivir a esa noche, porque la senda que están atravesando es la que separa a los supervivientes de los hipervivientes. Ahora están preparados para vivir cada instante como algo único e irrepetible de su camino, exprimir y gozar cada segundo del viaje; VER hasta donde puedan hacerlo sus ojos y SENTIR más allá.

Y es que no hay un solo hiperviviente sobre esta tierra al que le falle la linterna de sentir.

No hay uno solo que no llegue a la certeza de que tiene **Alma** y existe **Dios**.

$$A\Omega$$

Biblia cristiana. Juan 20, 29: «Porque me has visto, Tomás, creíste. Dichosos los que no vieron y, sin embargo, creyeron».

Red Botton

Así que tenemos a nuestro hiperviviente explorando el camino más feliz que una perdiz. Y os estaréis preguntando: «¿Esto va a ser siempre así? Porque yo me apunto a eso».

Bueno, sería ideal que lo fuera, no lo podemos negar, pero a poco que hayáis experimentado ya la vida, en vuestros escasos años de cuerpos vivientes, os habréis dado cuenta de algo que nos ocurre con cierta frecuencia cuando caminamos: tropezamos, nos caemos y nos hacemos una gran herida.

Y las heridas sangran y nos duelen. Nos fastidian parte de la jornada. A veces, incluso, nos impiden seguir caminando. Y nos entristecemos. Porque no somos los exploradores fuertes de antes, porque vamos más lentos y soportando dolor, y nos estamos perdiendo el paisaje por vigilar la hemorragia. Envidiamos al resto de exploradores que siguen disfrutando del camino sin sufrimiento y eso nos apena aún más. Pensamos cosas como:

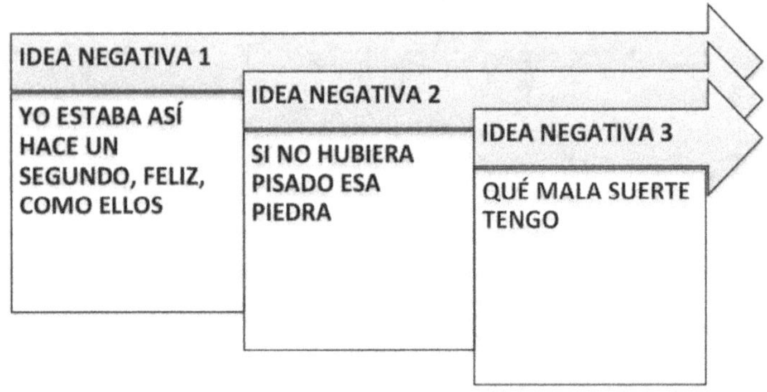

Nuestra mente mantiene por su cuenta un monólogo interior, repitiendo en bucle una serie de pensamientos negativos, muy alejados del anterior discurso vitalista y positivo. Muy alejados, a nuestro parecer, de un verdadero hiperviviente.

En este punto debo aclararos una cosa: un hiperviviente no es un superhéroe. Un hiperviviente es un explorador especial, muy especial, como ya estamos observando en este manual, pero no deja de ser un ser humano. Y los humanos nos podemos romper, y cuando esto ocurre sentimos dolor. Y el dolor es algo que va a tratar de robar la esencia del hiperviviente (nuevo enemigo a la vista)... solo si el hiperviviente se lo permite.

¿Qué os parece si tratamos de conocer a este nuevo enemigo? Es posible que obtengamos información importante para vencerlo. Echémosle una ojeada desde cerca ∞.

Una herida es una lesión que se produce en alguno de los tejidos de nuestro cuerpo como consecuencia de un agente externo y que genera siempre afectación en las estructuras adyacentes de ese tejido. Los síntomas característicos que siempre acompañan a una herida son el dolor, la hemorragia y la separación de los bordes de la herida.

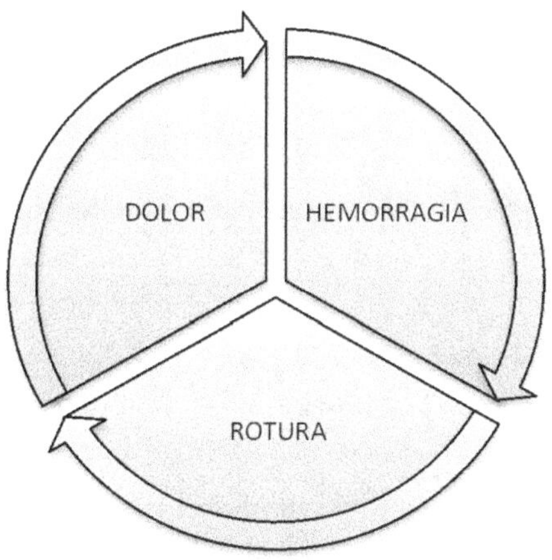

La pérdida de sangre a través de la herida es consecuencia de la rotura, por el traumatismo, de los vasos capilares del entorno. Aunque siempre es muy llamativa (su color se debe al hierro que forma parte de la hemoglobina y que en contacto con el oxígeno se torna rojo brillante) y algunos exploradores se asustan ante su visión, debéis saber que hay algo muy bueno que está haciendo por vosotros esa hemorragia desde el primer momento: la sangre que emana está arrastrando con ella toda la suciedad y los gérmenes que han podido entrar en la herida.

Es la primera forma en la que se lava una herida, y lo hace vuestro cuerpo solo, para evitar que se pueda complicar la cura con una infección posterior. Porque si alguna bacteria ha entrado hasta una zona profunda, a través del agente externo con el que os habéis golpeado, es probable que no podamos llegar hasta ella con el agua y el jabón. La sangre, que viene desde esa misma profundidad, la traerá hacia fuera con su caudal.

Sí, podemos decirlo juntos: **¡guau!**

¿A que ahora asusta menos la visión de la sangre? Acordaos de lo que decíamos en el primer capítulo: hay que conocer el origen de las cosas, hay muchas respuestas en los orígenes.

Continuemos. En principio, si se trata de una herida simple, esa hemorragia se extinguirá por sí sola gracias a las plaquetas (células especializadas en taponar las heridas) presentes en la sangre. Ellas, a través de un proceso muy curioso, van a formar un coágulo que evitará que la sangre se siga saliendo de los capilares dañados. Si la herida es muy grande, puede que las plaquetas se vean sobrepasadas, y habrá que ayudarles con medios artificiales. Aquí es cuando vamos en busca del médico para que nos ponga unos puntos de sutura.

El cuerpo, con ayuda del médico en las ocasiones especiales, trabajará desde el primer momento para reparar los tejidos dañados y dejar las estructuras internas tal y como estaban antes del accidente.

A veces, si la herida ha sido grande, esta reparación del tejido nos dejará una huella en la piel: una cicatriz. Podéis pensar que una cicatriz es algo horrible, que afea sin remedio el lugar donde se encuentra. Pero a los hipervivientes no les importan las cicatrices. Es más, les gustan las cicatrices. Porque les sirven para recordar que no son superhéroes, que tienen ciertos límites, y eso, como veremos más adelante, es muy bueno. Además, las cicatrices son la prueba de una victoria: la herida cerró. Y eso significa que estás vivo (las heridas no cicatrizan en un cuerpo muerto), que las células vivas de tu cuerpo también lo están y han funcionado a la perfección, y que vuelves al camino siendo el mismo explorador de antes, aunque ahora un poco más sabio; ya sabes qué piedras no se deben pisar, y algo aún mejor, ya sabes que si las pisas, te caerás, te levantarás y que, tras un tiempo, te CURARÁS. Así que, mientras estés herido, esperarás (de *sperare*) con esperanza y así los pensamientos negativos en bucle se reducirán con cada caída, hasta extinguirse. No es mala cosa una cicatriz, ¿no os parece?

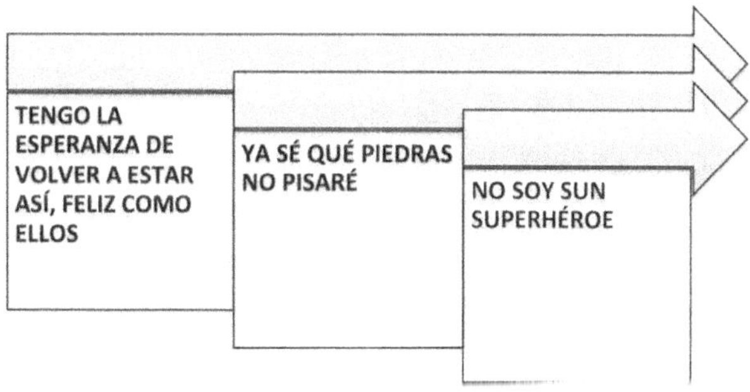

Pero desde un principio, acompañando todo el proceso que vu desde el golpeo hasta que la herida cicatriza, una molesta presencia ha hecho aparición y nos ha fastidiado el día: el **dolor**.

El dolor es algo difícil de entender, rompe los esquemas de los exploradores y trata de robar la misma esencia del hiperviviente.

Pero el dolor es una presencia constante en nuestros caminos y está estrechamente ligado a la vida, tal y como se expresa la vida física en la Tierra. Nacemos con dolor (si un bebé pudiera recordar esos primeros instantes de vida, seguro que describiría un dolor muy agudo en el pecho, consecuencia del despliegue de sus pulmones) y con dolor morimos (o con suerte, solo un poco doloridos). Algunos dolores son agudos y breves, otros más suaves y constantes. Unos ceden con los besos de una madre, otros con el anís de la abuela. Los hay también que necesitan ungüentos o jarabes, y la mayoría sucumben al sanar la herida. Pero hay otros dolores que se resisten, se enquistan en nuestro cuerpo y se vuelven crónicos. Estos dolores hay que tratarlos de forma especial, porque no se van a ir del todo; tenemos que asumirlos como compañeros de viaje y tratar de llevarnos lo mejor posible con ellos para que la experiencia subjetiva compleja que nos provocan afecte lo menos posible a las distintas áreas de nuestra vida.

Pero vamos a ver primero en qué consiste eso del dolor y hacernos una idea de la pinta que tiene el enemigo.

El dolor es el resultado de la estimulación de terminaciones nerviosas sensitivas especializadas. Esta estimulación provoca una corriente nerviosa que se transmite hasta el cerebro y actúa como una señal de alerta biológica que activa todo un sistema diseñado para la curación y restauración de la función del órgano dañado. Primero nos avisa a nosotros de que algo no va bien en algún lugar de nuestro cuerpo, para que le podamos prestar atención y buscar la ayuda precisa. Y al mismo tiempo alerta a nuestro sistema nervioso para que active los procesos necesarios implicados en la restauración y hacer frente al estrés.

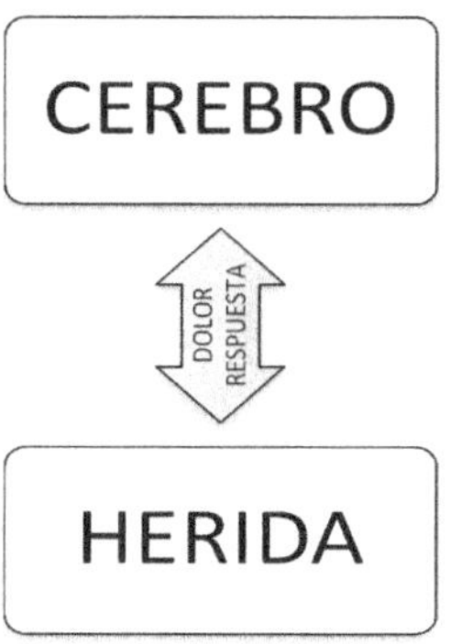

Fijaos hasta qué punto es importante para la vida el dolor:

Existe una enfermedad conocida como insensibilidad congénita al dolor que se manifiesta como una incapacidad a sentir el dolor físico. Las personas que nacen bajo esta condición no sienten dolor. Lo que en principio os puede parecer una suerte, ¡no sentir dolor por nada!, es en realidad una trampa mortal para esas personas que la padecen. Si un bebé con insensibilidad congénita al dolor pone accidentalmente la mano en el fuego, no la retirará y se quemará el brazo sin remedio hasta que un adulto no se dé cuenta de lo que está pasando. No hay nada que haya avisado al bebé de que lo que hacía era peligroso, no ha sentido un dolor tan agudo que le hiciera retirar el brazo en el mismo momento de tocar el fuego. De igual forma, si una persona adulta con esta enfermedad se ve un día afectado por una apendicitis o una piedra en el riñón, no acudirá de urgencia a ningún centro sanitario, pues no sabrá lo que le está ocurriendo hasta que otros síntomas más tardíos aparezcan. Y puede que, para entonces, ya no tenga remedio.

Así que la función fisiológica del dolor es, en última instancia, preservar la integridad de la vida. Visto así, no parece en absoluto un enemigo, sino que se comporta más bien como aliado.

Exactamente, de hecho, el dolor agudo es nuestro mejor aliado en las emergencias, es el que genera un primer informe de daños y lo manda a nuestro sistema central para que podamos tomar buenas decisiones en base a la información que nos suministra. Es el «Houston, tenemos un problema» de los astronautas de la estación espacial a la base. Sin esa señal de alarma, los de la central de Houston no podrán hacer nada por salvar las vidas de esos astronautas en apuros.

¿Qué os dije de conocer el origen de las cosas?

Ahora sabemos que nos caeremos, nos haremos una herida que sangrará y nos dolerá. Pero también sabemos que la sangre limpiará nuestra herida para que no se infecte y que el dolor nos dará un buen informe de daños para que nuestras decisiones posteriores sean lo más acertadas posible. Fijaos cómo queda ahora nuestro esquema de la herida:

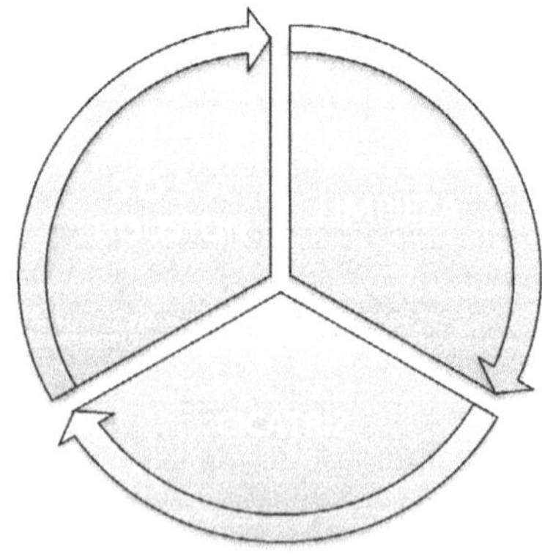

Esto lo sabe un hiperviviente y por eso siempre deja al dolor expresarse, porque no es bueno interrumpir su mensaje. Si a un paciente con dolor le administramos en seguida analgésicos para aliviarlo, no conseguiremos averiguar exactamente dónde y cómo le duele. Y esa información puede ser vital para su tratamiento.

SÉPTIMA REGLA DEL MANUAL DE HIPERVIVENCIA

No administres analgésicos de inmediato
Escucha al dolor

Los hipervivientes son conscientes de la importante función que tiene el dolor en su camino. Y, viéndolo desde esta óptica, le cederán el espacio justo al enemigo para que cumpla su buena función, sin que les robe la esencia positiva de su mochila. Dejarán a los dolores hablarles, los escucharán y prestarán atención a esa parte del cuerpo, el alma o el corazón que necesita un cuidado especial.

¿Y qué pasa con ese otro dolor crónico que se enquista y no acaba de marcharse?

Bueno, este es un dolor distinto, más complejo, y tiene otra función. Lo sentiremos como una experiencia de sufrimiento subjetiva y compleja, y normalmente no es reflejo de algo que necesita actuación urgente, sino que en la mayoría de las ocasiones responde a una circunstancia que no podemos evitar. Este es un dolor con el que debemos aprender a convivir. Hay cosas que ni un hiperviviente puede cambiar: heridas que, aun cicatrizadas, dejan una secuela. Pero no debéis temer a ese dolor, al fin y al cabo, forma parte de vosotros. Quizás anduvisteis demasiado rápido en alguna etapa del camino y os lesionasteis. Bueno, es lo que os pasó, es parte de vuestra historia personal como exploradores, y nunca se debe renunciar a la historia personal. Eso sería como querer borrar parte del origen, con la importancia que tiene el origen. No, es mejor que lo aceptéis como parte de vuestra esencia y no luchéis contra él. Un hiperviviente llegará a un buen entendimiento con su dolor crónico, firmará un pacto con él, no lo ignorará, lo atenderá lo suficiente como para aprender de él y ejercitarse en la paciencia, conseguirá hacerse más fuerte a través de él. Y el dolor, a cambio, concederá buenas treguas.

¿Cómo vais, chicos? Espero que no estéis cansados y que hayáis llegado hasta aquí. O que lleguéis algún día. Nunca se sabe el momento en el que un libro te va a llamar. Pero siempre llega ese momento. Si un libro tiene algo que decirte, buscará la forma de llegar hasta ti. No sé qué magia tercia en eso, pero ocurre de esa manera. A mí me ha pasado siempre, estoy segura de haber leído todos los libros que tenía que leer, los que estaban escritos para mí. Y sé que quedan muchos más, y yo no sé cuáles son, pero ellos llegarán hasta mí como ha hecho el resto. Es la **MAGIA DE LOS LIBROS**. No la podemos entender, pero está ahí.

Son las cuatro de la tarde del caluroso 21 de junio de 2020. Hoy es el día del solsticio. Comienza el verano. Será el día más largo del año, y la noche más corta. Es, sin duda, vuestra época favorita del año; por delante se extienden para vosotros interminables horas de fantástico sol, para pasarlas descubriéndole los secretos al mundo, esos que no os han sido revelados en los libros de la escuela. No hay nada como el verano para los jóvenes exploradores. Es vuestra estación; la estación de la inocencia, la energía y las ganas. Hoy la Iglesia católica celebra además la festividad de San Luis Gonzaga, patrón de la juventud, título que le viene muy al pelo habida cuenta de la estación que inaugura su efeméride. Y en este año especial, en el que la **PANDEMIA** nos ha descubierto nuestras debilidades, toma mayor presencia este santo que murió a los veintitrés años, habiendo contraído la peste por atender con amorosa solicitud a los contagiados durante la gran epidemia que arrasó Roma entre los años 1560 y 1593 (hasta tres papas murieron por aquella epidemia). Hay una frase que se le atribuye a San Luis que dice así: «Cuando uno tiene que vivir pocos años, Dios lo incita pronto a ayudar a los pobres». Si ya lo estáis pensando, habéis acertado: los santos son la **_crème de la crème_** de los hipervivientes.

Pero volvamos a lo nuestro. El manual que nos traemos entre manos. En el capítulo anterior hablamos de heridas y dolor. Y de cicatrices; de esas marcas que dejan las heridas sobre nuestra piel, nuestro corazón, nuestra alma. Y dijimos que los hipervivientes, lejos de intentar disimularlas, las lucen con orgullo. A fin de cuentas, son un buen mapa pictórico de todos los avatares que han sufrido en el camino.

Las cicatrices son, como dijimos, la evidencia de una victoria —salimos vivos de ese tropiezo—, pero de una victoria por la que pagamos un precio. Algo nos dejamos por el camino, un trozo de piel, gotas de nuestra sangre, unos latidos perdidos de nuestro corazón. La cicatriz nos recuerda que no somos inmunes a los daños, que somos frágiles, pero también duros como el cristal; que tenemos límites humanos y no somos superhéroes.

Los límites.

Los límites os pueden parecer un fastidio. Pero son una característica nuestra más, como el color del pelo o la complexión de nuestro cuerpo. No debemos mirar nuestros límites con desagrado. Es muy fácil caer en la tentación de sentirnos ridículos ante ellos. Si el terreno se vuelve escabroso y parecemos unos patos mareados intentando escalarlo, nos podemos sentir abochornados de ver cómo otros exploradores trepan hasta la cima con una habilidad asombrosa. En cierta forma es natural, admiramos y deseamos lo que otros tienen. Pero si nos quedamos ahí, en esa fase en la que nos sentimos ridículos, o envidiando a los demás, no avanzaremos en nuestra intención de convertirnos en hipervivientes.

Un hiperviviente sabe que lo único por lo que debe sentir bochorno en esta vida es por haber dañado de forma intencionada a un semejante. Es lo único digno de vergüenza, causar daño intencionado. No hay nada más por lo que sentirse ridículos o inferiores, oídme bien, NADA más.

Así que un hiperviviente no solo no se siente ridículo por sus límites, sino que además trata de conocerlos bien y tenerlos muy presentes en el camino. Vamos a ver por qué.

A veces el camino del explorador queda interrumpido por el curso de un caudaloso río.

ATENCIÓN: AGUAS BRAVAS

Es posible que desde la orilla observe el explorador cómo, en el margen opuesto de ese río, se extiende un sendero glorioso. Un sendero amplio y fresco, a la sombra de las espesas copas de los árboles que lo flanquean. Nuestro explorador, apostado en la orilla opuesta, es capaz de percibir el aroma que desprenden las miles de flores de vivos colores que tapizan ese mágico sendero, es capaz de escuchar el trino de los pájaros que anidan en las ramas de los bosques que se extienden a su paso. Y queda irremediablemente prendado de aquel paraíso. Es el sendero perfecto, de una belleza sublime; él no ha visto otro igual en su vida. En su pecho, en el lugar donde sabe que porta el alma, siente el aleteo de cientos de mariposas al unísono queriendo alzar el vuelo. Sí, ese camino que observa desde la orilla es, sin lugar a dudas, el camino definitivo. Ese que todo explorador sueña encontrar algún día. Y está ante él, allí mismo, al otro lado de un caudaloso río.

Hay exploradores que son muy buenos escaladores, pero no son rápidos en terrenos suaves; otros pueden ser grandes velocistas y, sin embargo, tropiezan mucho en terrenos abruptos. Los hay fuertes y poco flexibles, o ligeros pero de poca resistencia. Algunos son excelentes rastreadores de agua, pero son nulos para la caza. Muchos no lo saben y no llegan a saberlo en toda su vida, pero un hiperviviente ha prestado atención a su trayectoria personal, conoce su origen, valora a los demás y se contempla con humildad. Y, además, luce sus cicatrices con orgullo recordando cómo se hizo cada una de ellas. Está en la mejor disposición para reconocer sus límites.

Nuestro hiperviviente, apostado en el margen opuesto del río, observa cómo otros exploradores se echan al agua para cruzar al otro lado. Y él no lo hace. Pese a ser el sendero con el que lleva soñando toda la vida, no sigue el ejemplo de sus compañeros. Porque nuestro hiperviviente tiene un límite que conoce bien: él no sabe nadar.

OCTAVA REGLA DEL MANUAL DE HIPERVIVENCIA

Si no sabes nadar, no cruces el río

Conocer nuestros límites es necesario, y no hay nada malo en tenerlos, es lo más natural de la condición humana. Si este explorador no conociera su límite, es posible que ya se hubiera echado al río, animado por la poderosa visión del mágico sendero. Entonces se habría ahogado. En el intento por alcanzar aquel sueño hecho realidad, habría acabado como cuerpo inerte flotando en el agua. O quizás, con un golpe de suerte, habría podido ir aferrándose a las rocas que salpican su cauce, sujetándose a ellas a duras penas mientras traga agua y la fuerza de las aguas bravas golpea su cuerpo contra la piedra dura.

Es posible que incluso alcance el margen opuesto del río, pero llegará tan magullado que ya no va a ser capaz de disfrutar del sendero y solo podrá arrastrarse por él unos metros, lisiado, aturdido y mortalmente herido.

Tenemos límites, todos los exploradores los tenemos. Debemos conocerlos y respetarlos. Y en algún momento del camino también podremos superarlos. Es posible que nuestro hiperviviente regrese algún día a por su sendero, seguro ahora de que el agua ya no es una frontera infranqueable, porque ha aprendido a nadar. Pero hasta entonces lo mejor que puede hacer es conservar aquella maravillosa visión en sus retinas y continuar su camino por ese otro sendero que no entra en conflicto con sus límites. Quizás no es tan hermoso como aquel otro, pero por este anda sin cuidado, sin magulladuras ni herido de muerte, y podrá aprender y disfrutar de él como no habría podido hacerlo en el otro.

Publicidad
Publicidad
Publici
licidad
Publicidad
~Publicidad~
Publicidad
licidad
Publi-
cidad
Publici

Felicidades, chicos. Curso superado (ya he visto vuestras notas). Lo habéis hecho muy bien, con unas circunstancias difíciles (COVID-19), y me siento orgullosa de vosotros. Toca un merecido descanso. Seguro que encontráis la forma de aprovechar al máximo el tiempo. Recordad que debe ser «vuestra» forma de disfrutarlo. En eso no hay reglas que valgan. Aunque no puedo evitar deciros que os acordéis de reservar un sitio especial a la lectura, pero el tiempo es vuestro y solo vosotros podéis decidir cómo invertirlo. Sed vosotros. Es importante, es muy importante que lo seáis. Porque nunca nadie ha conseguido ser demasiado feliz siguiendo una moda, haciendo algo que le gusta a otra persona. Si eso que haces no es «lo tuyo», no te causará el efecto deseado.

Esto me recuerda que debo hablaros de una cosa. Algo para lo que tenéis que estar preparados si queréis ser unos buenos hipervivientes, porque vais a encontrar el camino lleno de informaciones contradictorias. Es posible que vosotros, armados con vuestra humildad y empatía, vuestros libros y los guaus, DIOS y el ALMA, luciendo cicatrices y sin cruzar aquel caudaloso río, tengáis que enfrentaros a un montón de exploradores que os dirán que lo estáis haciendo todo mal, aludiendo a unas reglas en las que todo el mundo parece creer fielmente. Es posible, incluso, que esos exploradores que os advierten sean buenos amigos, compañeros del viaje, gente en la que confiáis. Ellos están convencidos de que lo que os dicen es lo mejor para vosotros; es el problema planteado que yo llamo los **Protocolos de Actuación Establecidos** (en adelante **PAE**).

Los Protocolos de Actuación Establecidos están por doquier. Uno los encuentra empapelando vallas publicitarias, rellenando páginas en prensa, componiendo anuncios publicitarios y hasta en libros de autoayuda. Surgen de los manuales de supervivencia. Son una serie de antiguas reglillas que aparecen en todos los manuales y que se han convertido, por consenso general, en unas máximas incuestionables para todo aquel que de verdad quiera sobrevivir al camino. De manera que estas recetas se han extraído de sus manuales de origen a modo de una suerte de conocimiento universal sobre el que no cabe réplica.

Algunas no encierran trampa ni cartón y vuestro sentido común os hará considerarlas apropiadas:

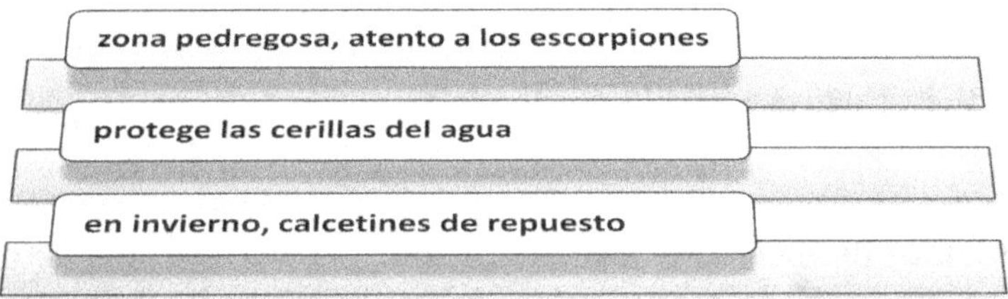

No parece que ninguno de estos 𝔓𝔄ℭ vaya a impediros en modo alguno llegar a ser unos buenos hipervivientes, y os pueden sacar de un aprieto o evitaros un incómodo problema. Podéis seguirlos, son buenos consejos.

Otros sí que tienen trampa, pero también os resultarán muy fáciles de identificar. Aquellos relacionados con las modas o la adquisición de cosas que, a poco que lo razonéis, no necesitáis:

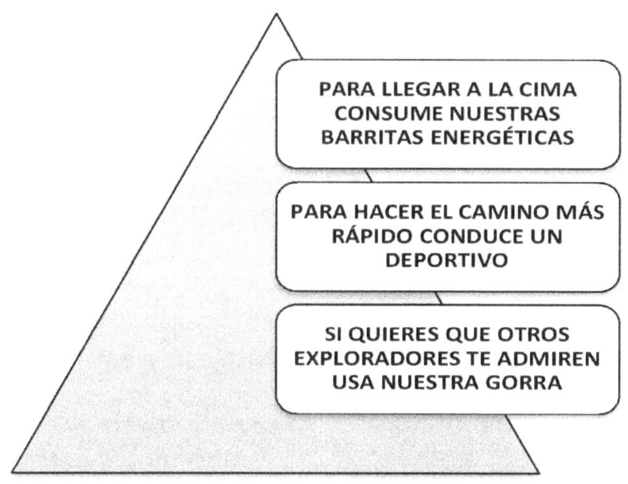

Alguien que sabe que quiere ser él mismo se cuestiona siempre este tipo de protocolos de dudosa efectividad. Algunos exploradores os dirán que funcionan, pero se ve a la legua que es publicidad engañosa.

Sin embargo, hay una serie de normas que os serán presentadas en un formato mucho más sibilino. Estas no están en vallas publicitarias, sino que su forma habitual de expansión son los libros, teorías filosóficas, programas políticos y el boca a boca entre exploradores. A veces, incluso, alguna persona tenida por muy sabia entre los supervivientes ha hecho carrera dando conferencias con este tipo de contenido por todo el mundo o ha llegado a presidente de una superpotencia mundial.

Además, esta vez no se trata de protocolos de actuación descaradamente inciertos, ni de dudosa efectividad, pues muchos exploradores os dirán, y será verdad, que a ellos les funcionaron estos protocolos.

Estos son los más peligrosos de todos los protocolos y debéis, como poco, cuestionar y analizar desde vuestro origen (recordad que llevamos la brújula del origen) el significado que encierran:

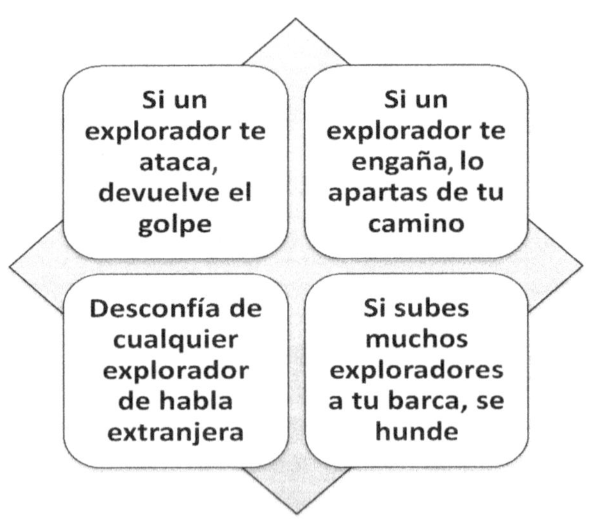

Y siempre en la historia del mundo, que no hace otra cosa que repetirse una y otra vez, encontraréis a alguien que se salvó de un robo devolviendo el golpe, que evitó más dolor apartando de su vida a quien lo engañó o que no se ahogó en el mar porque no dejó subir a alguien más en su barca. Sí, eso es cierto.

Y ahí está el peligro de los **PAE**, nos tientan con resultados positivos; sobrevivimos, esos protocolos aseguran nuestra supervivencia. Vale. Hay que tenerlo en cuenta…, pero nosotros estamos tratando de hipervivir. Claro.

El odio hacia alguien que nos ha engañado vendido como forma de atenuar nuestro dolor. El miedo a lo desconocido vendido como justificación más que razonable para desconfiar de alguien o empujarlo fuera de nuestra barca… Parecen buenos argumentos, sin duda.

Pero recordad, el dolor ya era algo con lo que contaban estos exploradores especiales, ya habían aprendido que hay que dejarlo hablar y no cortarlo de inmediato. Y el miedo a lo desconocido, aquello que no se puede ver con claridad, tampoco suponía un problema para aquellos que llevaban en su mochila la linterna de sentir.

Ya os he dicho que son unos exploradores muy especiales y van un paso o dos por delante del resto. Un hiperviviente se arriesga a desafiar los **Protocolos de Actuación Establecidos**, invita al explorador de extraña lengua a su tienda y se atreve a escuchar, por encima del dolor de su corazón, lo que tenga que decirle aun el explorador que más daño le ha hecho con su engaño.

¿Asegura esto la supervivencia de los hipervivientes? No siempre. Es posible que ese explorador traicionero se la juegue de nuevo, y que ese extranjero, aprovechando el feliz sueño del hiperviviente, no le deje en la tienda más que un par de calceti-nes, cortesía de ladronzuelos.

Os estáis preguntando ahora.

Bueno, se trata de la VIDA y la CONSCIENCIA, y ya sabéis que a esas dos cosas no les podíamos aplicar

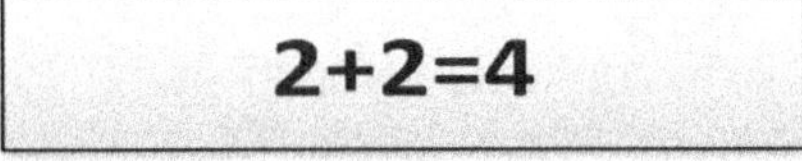

La vida se salta las matemáticas y por eso la vida es ries-go. Y todo el mundo arriesga en el camino. Lo que pasa es que cada uno arriesga lo que quiere.

Algunos han elegido arriesgar su tiempo para conseguir una mejor tienda de campaña y asegurar su supervivencia. En-tonces la tienda y la supervivencia se convierten en lo más va-lioso de sus vidas, aunque solo sea por el tiempo invertido en ello. Y, alcanzado ese estatus, no hay cosa peor que les pueda pasar que perderlo todo. Se vuelven unos expertos en manua-les de supervivencia, y aprenden de memoria todos los 𝔓𝔄𝔈. Nunca van a desafiar una de esas reglillas, que recitan y com-parten con otros exploradores, seguros de que son más cier-tas que ninguna otra cosa. Tienen miedo a romper las reglas, temen el caos que imaginan que generará el saltárselas. Ellos quieren tener el control de todo, todo el tiempo.

Sin embargo, otros exploradores, en esos momentos cruciales que a veces nos ofrece el camino, eligen arriesgar la propia supervivencia y rompen con el patrón de comportamiento establecido. La sola posibilidad, aunque sea una entre mil, de encontrar algo mejor que una supertienda de campaña con equipamiento de lujo les hace saltarse el Protocolo de Actuación Establecido. No son hipercontroladores; saben que el control, en realidad, jamás ha estado en sus manos. Lo único que pueden controlar en el camino es la actitud que van a adoptar frente a las situaciones que se les presenten, nada más. Así que arriesgan aquí.

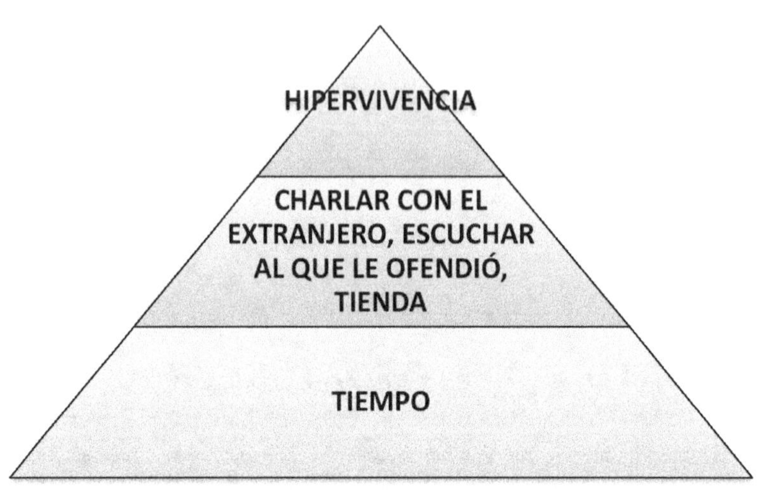

Y en ocasiones la magia se despliega ante ellos. Más allá del desenlace esperado, existe una alternativa, un resultado original, que no se producirá nunca en el camino de aquel que solo trata de sobrevivir y sigue los protocolos. Muchas veces, los hipervivientes, lejos del caos presupuesto por los supervivientes, recogen tesoros. Grandes tesoros. Nunca vistos y poco apreciados por el resto de exploradores afanados por sobrevivir.

Un tesoro, algo inesperado y precioso, un regalo. De múltiples formas y colores, pero todos ellos sumamente gratificantes. Algunos tomarán forma de amistad, la relación más verdadera y fiel, la que solo puede surgir tras una traición perdonada; otros tendrán forma de abrazo, el más sentido y reconfortante, el que se recibe de aquellos a los que acogemos sin importarnos su condición extraña; y otros tendrán forma de vida, el bien más preciado, la vida que habréis perpetuado salvando de morir ahogado a otro explorador en vuestra barca.

NOVENA REGLA DEL MANUAL DE HIPERVIVENCIA
Establece tu propio protocolo de actuación

Hubo un primer hiperviviente que se atrevió a romper los Protocolos de Actuación Establecidos. Y no debió de resultarle fácil, pues los protocolos que desafió eran los que marcaba por entonces su propia ley sagrada, su religión. **Jesús de Nazaret**, el mismo hijo de Dios, saltándose las reglas que seguían todos aquellos que en Dios creían.

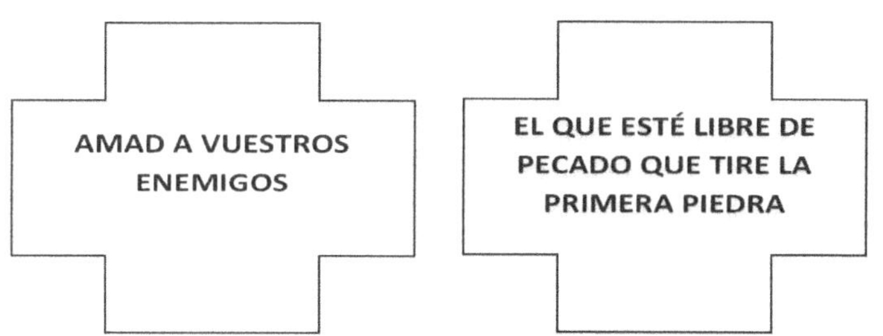

Si os golpean, poned la otra mejilla. Justo lo contrario de lo que dice el manual de supervivencia. Eso hizo él. Puso boca abajo todos los **Protocolos de Actuación**

Establecidos de su época. Lo traicionó un amigo, al que siguió amando; fueron a matarlo, pero cuando su amado Pedro quiso defenderlo con la espada cortando la oreja a uno de los atacantes, le ordenó guardarla y curó la herida del enemigo.

Sé que pensáis a veces.

Bueno, sobrevivir no sobrevivió, no pasó siquiera de aquella noche. Eso es cierto. Un fracaso total, de libro, para cualquier manual de superviviencia.

Arriesgó su supervivencia, sí, y no vivió más que treinta y tres años, pero estamos en **2020** y aún hablamos de él. Perdió su vida, pero a cambio *NOS* ganó (y de paso ganó la vida eterna para nosotros, pero eso da para otro capítulo, o mejor otro libro).

El mayor tesoro de hiperviviente conseguido jamás por nadie en la historia: miles de millones de

deentonces, deahora, ylosqueaúnestarporser, quesonsoloytodos SUYOS. Creedme, nohay **YOUTUBER** en el mundo, ni lo habrá jamás, que vaya a igualar a Jesús de Nazaret en seguidores. Ni en sus mejores sueños.

¿Significa eso que no debéis defenderos si os golpean, que debéis seguir al lado de quien os engaña, que tenéis que dejar entrar en vuestra tienda al que no entendéis?

No.

Significa que tenéis que hacer en cada momento lo que os dicte el ♥, que es más sabio de lo que al pobre le presuponemos y suele tener conexión directa con la brújula de vuestro origen.

El corazón es el que sabe quiénes sois desde que nacisteis y sabe lo que os va a hacer felices. Así que si vuestra intuición os dice que estáis ante un buen momento para saltaros el protocolo de actuación establecido, fiaos de ella, hacedlo sin miedo. Es mejor arriesgar la supervivencia que el tiempo, porque es mejor ganar almas que conservar una tienda de lujo.

Un hiperviviente no rechaza al extraño, no rompe la amistad con alguien y no devuelve siempre el golpe solo porque lo dice un hombre, un manual de autoayuda, un presidente del gobierno o medio planeta. Un hiperviviente siempre sigue su propio protocolo y sabe cuándo es el momento exacto de aplicarlo.

Jesús lo supo aquella noche en el huerto de los olivos. Y aquello lo llevó a cumplir con las profecías. Nosotros, en un lenguaje actualizado —y algo romántico—, a eso lo llamamos cumplir con su destino. Estaba destinado a aquello que le sucedió y dejó que le ocurriera.

Pedro, sin embargo, fiel seguidor de su maestro, sí que siguió aquella noche el patrón de actuación usual en estas lides. Plantó cara, primero, a los atacantes armados y negó, después —por tres veces—, a quien más quería para salvar su vida. Pero Pedro también fue un hiperviviente, aunque aquella noche actuara como un superviviente más. Supo cuándo aplicar su propio protocolo de actuación; en realidad, el resto de su vida lo hizo. Y gracias a ello, cumplió con su destino también, que no era el de morir aquella noche junto a su maestro, sino liderar a los cristianos en los albores de la Iglesia apostólica, siendo el primer papa de la historia. Si hubiera muerto con Jesús aquel día, no sabemos qué habría ocurrido con los primeros cristianos.

Al corazón lo guía la brújula del origen, y en el origen está escrito también el destino de cada uno. Esa brújula le dijo a Pedro cuándo debía aplicar su propio protocolo y fue así como cumplió con su sino. Un hiperviviente está atento a esa brújula, se desmarca de la supervivencia cuando es preciso y se lanza a por todas abrazando, con confianza ciega, su destino.

Biblia cristiana. Mateo 5,38-48: «Oísteis que fue dicho a los antiguos: ojo por ojo, y diente por diente. Mas yo os digo: no resistáis al mal; antes, a cualquiera que te hiere en tu mejilla diestra, vuélvele también la otra».

Teníamos un limonero en el jardín, ¿os acordáis? Erais aún pequeñitos, pero a veces conservamos recuerdos muy tempranos de nuestra infancia. Teníamos un **limonero lunero**, una especie que da frutos todo el año porque su floración no se ciñe a una estación. De todos los árboles del jardín, el limonero era el más grande. Su copa, de ramas abiertas, era visible desde fuera, pues superaba con creces la altura del seto. Solo los dos inhiestos cipreses, que mis abuelos dejaron crecer de entre los demás, le ganaban en altura. Aun así, el tronco del limonero, retorcido y nudoso, era dos veces más ancho que el de aquellos cipreses.

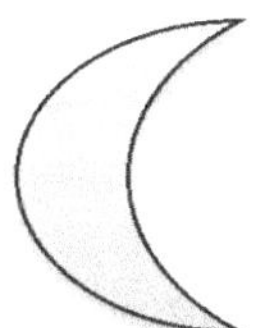

También teníamos un **júpiter**, aunque os liabais con el nombre y lo llamabais Saturno; ese que siempre ando fotografiando en cada estación porque cambia de color como un camaleón. El júpiter de nuestro jardín era por entonces, y aún lo sigue siendo, un arbolito famélico. Parece más un arbusto que un árbol. Es verdad que este tipo de árboles tienen un porte arbustivo, pero pueden alcanzar los cinco metros de altura y su tronco puede igualar al de cualquier árbol robusto. Sin embargo, como os decía, el nuestro más bien parece un bonsái que hubiera ganado más altura de la que le correspondía, pero se mantiene erguido con un tronco flacucho al que bien podríamos llamar tallo.

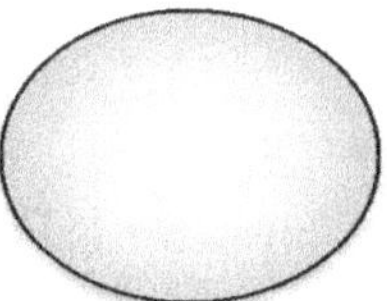

Una noche hubo una gran tormenta. El agua cayó con violencia sobre nuestra casa, acompañada de rachas de viento huracanado. A la mañana siguiente, descubrimos al limonero vencido sobre su propio tronco quebrado. No resistió el temporal. Sin embargo, nuestro enjuto júpiter ahí seguía, y sigue, tieso como los cipreses, como si el viento no hubiera soplado aquella turbulenta noche en el pequeño espacio que ocupa.

Existe una especie de polilla muy famosa entre los biólogos: la mariposa de los abedules (*Biston betularia*). Esta mariposa era de color blanco con motas negras, un perfecto camuflaje que la hacía pasar desapercibida para los depredadores cuando se posaba en el tronco de los árboles. Hasta que llegó la revolución industrial y todo su entorno cambió.

A medida que las fábricas aumentaban en la segunda mitad del siglo XVIII, la polución del carbón

usado en esas fábricas fue ennegreciendo el entorno. Los bosques de abedules, donde nuestra mariposa blanca moteada vivía protegida por su camuflaje, cambiaron. El dióxido de azufre oscureció los troncos de los abedules, y donde antes encontraban las mariposas un reposo seguro, ahora encontraron una trampa mortal: su color blanco era como una señal luminosa sobre el oscuro tronco y los pájaros las distinguían con claridad diáfana.

Los ejemplares blancos de aquellas mariposas fueron gravemente exterminados por sus depredadores directos. Solo le fueron mejor las cosas a aquellas *betularias* que, por simple suerte genética (o esto se creyó durante mucho tiempo), tenían un color más oscuro. A principios del siglo XIX, los estudiosos de las mariposas empezaron a encontrarse ejemplares de la *Biston betularia* totalmente negros, perfecto camuflaje para los nuevos troncos de abedul. La revolución industrial, y el cambio de color en el entorno que produjo, supuso una fuerte presión selectiva que favoreció a los ejemplares oscuros; algunos científicos incluso creen que el cambio del entorno provocó esa aparición de ejemplares de distinto color. Estas polillas negras se reprodujeron con mayor frecuencia que sus compañeras blancas, que morían a manos de los depredadores sin haber llegado siquiera al momento reproductivo. Así que toda una población de mariposas cambió de color constituyendo una nueva subespecie a la que se llamó *Biston betularia carbonaria*.

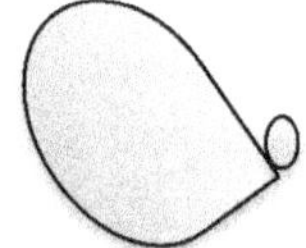 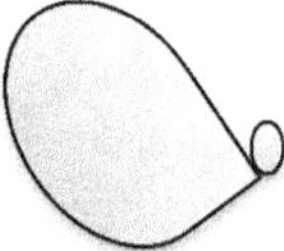

A finales del siglo XIX ya no había ejemplares blancos en los bosques cercanos a Mánchester. Actualmente, con las restricciones de emisiones contaminantes de Gran Bretaña, la población de *betularia carbonaria* se ha reducido y se espera que se extinga del todo en unos años en el Reino Unido. Esto parece querer dar la razón a esos genetistas que apoyan la teoría de un trozo de ADN «móvil» que se puede posicionar en distintos lugares del genoma modificando el material genético próximo, según la presión ambiental.

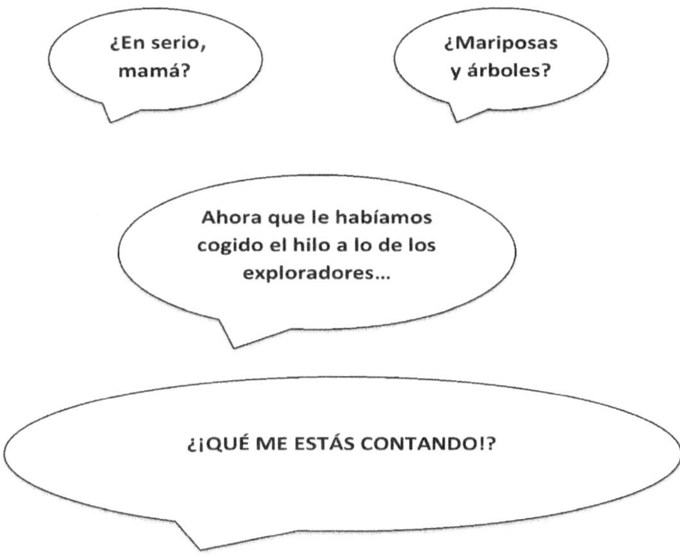

Eso digo yo, qué tendrán que ver los árboles y las mariposas con nuestro explorador aspirante a hiperviviente.

Todo este capítulo ha surgido de la corrección del anterior. Son las once de la noche de un domingo de calor y estaba releyendo lo último escrito. Me he dado cuenta de que en ese capítulo ha aparecido un concepto interesante que, me parece, requiere una reflexión más profunda: el control. Ese control que el superviviente trata de mantener a toda costa; el mismo que el hiperviviente sabe que jamás ha estado en su poder.

Y pensando en el control, me he acordado de nuestro árbol caído y de las polillas del melanismo industrial. A ver si soy capaz de desgranar el proceso mental que he seguido para llegar hasta aquí. Antes, nueva regla del manual:

DÉCIMA REGLA DEL MANUAL DE HIPERVIVENCIA

La tienda ha de ser flexible y mudable
Todos los valles son inundables

Recordemos que tenemos a los supervivientes invirtiendo tiempo, y mucha energía, en conseguir la mejor equipación posible. También tenemos al hiperviviente un poco más distraído de estos quehaceres, tratando de entenderse en un idioma confuso con otros exploradores extranjeros o escuchando con toda la paciencia y el amor del mundo a ese otro que anda pidiéndole perdón.

El superviviente estudia el terreno con atención explorando cada rincón, quiere elegir la mejor ubicación posible para instalar la tienda y pasar la noche. Otea el horizonte en busca de alguna señal que presagie tormenta. Se hace con leña y prende la hoguera a resguardo del viento que parece arreciar. Todos y cada uno de los actos que realiza tienen el propósito objetivo de sobrevivir a esa noche, bajo una tormenta, un huracán o una estampida de elefantes.

CONTROL

El hiperviviente, hasta donde puede llegar con su juicio, también hace las cosas con cierta previsión; no pretende que la lluvia le pille sin cobijo o que se apague su hoguera antes de la cena.

Después cae la noche y ambos se van a dormir. Y ningún elefante, rayo o tornado les vuela las tiendas. Sin embargo, es la época de lluvias en un lugar al sur, a **cientos de kilómetros** de distancia del lugar donde pernoctan nuestros exploradores. Algo que no era visible en el cielo cuajado de estrellas del valle ni *presagiable* en el viento que lo azotaba. Y tampoco había previsto el calculador superviviente, ni el distraído hiperviviente, que este valle encantador es además una gran ZONA INUNDABLE.

Así que, en esta precisa noche, la crecida de los ríos de aquel remoto lugar, a cientos de kilómetros de distancia de este, va a hacer que nuestro valle se convierta en unos minutos en un espléndido lago.

La tienda, las cerillas, la ropa, la hoguera... Todo lo que el superviviente poseía está ahora nadando sobre la superficie cristalina de unas aguas que por poco lo ahogan mientras dormía. Exactamente igual le ha sucedido al hiperviviente.

No es verdad que alguien pueda controlar todo lo que ocurre en su camino. El control de las cosas nunca ha estado en nuestras manos. Los exploradores obsesionados con la supervivencia sí lo creen o, al menos, es lo que esperan. Para algo se han tirado largas horas montando la tienda más equipada del momento. Para algo han estudiado los mapas de isobaras de cualquier lugar en el que hayan estado. Ese esfuerzo por prever cada cosa que pueda surgir en su camino se da de bruces con una inundación imposible de anticipar. Y eso les frustra sobremanera. Querían tener el control, creían tenerlo, y en un solo segundo el camino les demuestra que no lo tienen.

El hiperviviente sabe esto desde hace tiempo. No cree tener el poder de controlar cada detalle de su porvenir. Cuando se despierta mojado, aferrado a una roca, viendo cómo sus pertenencias se van flotando en aquel lago improvisado, lo primero que piensa es en la suerte que tiene de seguir con vida. No es la tienda destrozada lo que le preocupa y no está enfadado con el destino por haber torcido sus calculados planes de supervivencia. Él no quería tener el control, sabía que eso no es posible, pero sí que puede controlar, mucho mejor que el cabreado superviviente, su propia actitud ante la desavenencia.

Y eso es una ventaja evolutiva en toda regla. Porque mucho antes de lo que lo estará el superviviente, el hiperviviente estará preparado para empezar de nuevo.

Nuestro limón lunero se quebró aquella noche porque su tronco rígido, pero no tan fuerte como la fuerza de aquel viento, carecía de una propiedad que le salvó la vida a nuestro júpiter: la **flexibilidad**.

En lugar de pelearse contra el viento aquella noche, el tronco del júpiter cedió una y otra vez, doblegando su fino cuerpo ante tamaña fuerza enfurecida. En lugar de oponer resistencia, se rindió ante la evidencia: no podía permanecer erguido frente a ese poder superior. Sobre el viento no tenía el

De alguna manera, es la actitud del hiperviviente. Cuando las circunstancias del camino se vuelven hostiles y claramente superiores a su fuerza, el hiperviviente cede a la realidad. Su actitud, contraria a la rigidez del superviviente que quiere mantener su estatus a toda costa, es una actitud flexible; de manera que se acomoda rápidamente a las fuerzas hostiles.

La mariposa negra de los bosques cercanos a las ciudades industrializadas sobrevivió porque fue capaz de mutar. Cambió para adaptarse al medio. Algo que tampoco le gusta mucho hacer al superviviente obsesionado con el control. Ha invertido su tiempo y esfuerzo en que las cosas le fueran bien y necesita un **medio estable** para que todo su **sistema de supervivencia funcione**. Si las cosas cambian a cada paso, no le sirve su supertienda de lujo, ni su tecnología de última generación. Y eso le enfada muchísimo, porque recordad que eligió arriesgar su tiempo para conseguir un estatus que no le es posible mantener en un escenario cambiante.

Al hiperviviente no le importa tanto cambiar. Su tiempo no lo ha empleado por entero en conseguir ese estatus y él sí da por hecho que va a tener que moverse constantemente, porque camina en un universo maravilloso que está a merced de otras manos, no de las suyas. Él solo controla su actitud, lo único que en realidad está en nuestra mano, y elige el cambio adaptativo.

CURIOSIDAD: La teoría del caos es una rama de la ciencia que trata ciertos tipos de sistemas muy sensibles a la variación de las condiciones iniciales. Esta teoría nos dice que la naturaleza y el universo en general no siguen un modelo previsible; que la incertidumbre es la baza más segura.

Seguro que al leer este título estáis pensando que hay una palabra más acertada para aludir a ese insecto que se posa una y otra vez, con diferencia de dos segundos, sobre vuestro rostro mientras tratáis de dormir la siesta en agosto a la estupenda sombra del árbol del campo. Sí, hay una palabra más extendida que desahoga mucho más que esta. Nadie se levanta cabreado en busca del insecticida despotricando contra **¡la mosca insidiosa!** Es lo bueno de ciertas palabrotas: consiguen rebajar nuestro nivel de furia interior. Pero, como siempre os digo cuando también usáis palabras comunes y poco elaboradas como «guay», «chulo» o «mola», la lengua castellana es una lengua rica, repleta de miles de palabras concisas que harían una mejor descripción de vuestro estado de ánimo. No importa que empleéis algunos términos, si no son demasiado grotescos, siempre que sigáis creciendo en el conocimiento de vuestra lengua. Podéis emplear una palabra malsonante (también están en el diccionario, como siempre me recuerda uno de vosotros) o una palabra poco precisa como «guay» para hablar con vuestros colegas, pero haced el ejercicio de buscar, si no la conocéis, una alternativa más correcta.

El «hombre de la RAE» os dice que «insidioso» es algo «malicioso o dañino con apariencia inofensiva». Fijaos qué acertada definición de nuestro molesto bichito. Con esa otra expresión vulgar y malsonante en la que estáis pensando todos, conseguimos hacernos una idea de la **pesadez** de la mosca o de cómo enerva nuestros nervios, pero hemos perdido una parte importante de su descripción. Además de ser terriblemente molesta y desesperante, encima **parecía inofensiva** la muy hija de Satanás. ¿Veis? Siempre hay una palabra mejor. Esforzaos siempre por encontrarla, porque solo dando en el clavo transmitiréis lo que de verdad sentís.

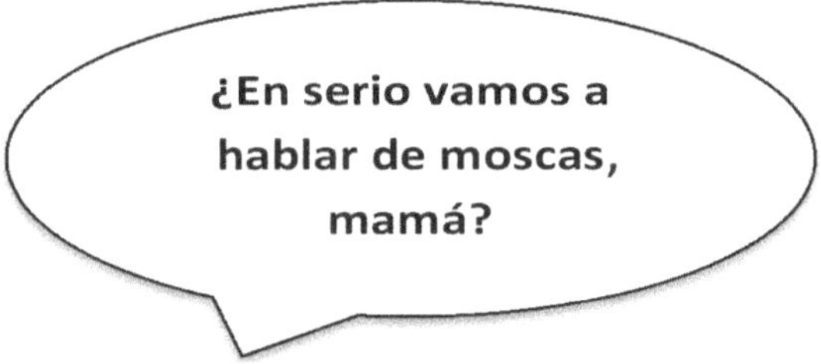

No exactamente, aunque el nuevo enemigo que os voy a presentar es lo más parecido a una mosca que conozco. También es, como ellas, muy pesada. Vuelve una y otra vez sobre los exploradores, que dan manotazos a diestro y siniestro para quitársela de encima. A veces no les deja dormir y el explorador se sale de sus casillas. He visto a exploradores corriendo, literalmente, tratando de huir de ella. En ocasiones, como las moscas en invierno, desaparece. Pero siempre acaba regresando y revolotea alrededor del explorador con su incómodo zumbido.

ZZZZZZZZZZ

La mosca insidiosa es un enemigo a batir. Los supervivientes no saben siquiera su nombre, solo la perciben en el camino como un agente molesto que les roba el sueño y los deprime. Un hiperviviente sabe bien de quién se trata. Este inofensivo bichito —no es que sea pequeño, es que es invisible— es un enemigo a tener en cuenta por él, al que no le va a dar demasiadas concesiones, pues sabe bien que no puede ayudarle en su carrera para hacerse un buen hiperviviente. El término científico con el que se denomina este insecto es **culpa**, del latín *culpa*. Y viene acompañada de un ejército de insectos que le hacen el trabajo sucio; se conocen con el nombre de **remordimientos**, del latin *re-mordere*, que significa «morder o torturar hacia atrás, de nuevo».

Toda una legión de insectos que vienen dispuestos a morder al explorador, una y otra vez, y en retrospectiva, porque el explorador no cruzó el río caudaloso, porque el explorador no subió a alguien en su barca, porque el explorador se equivocó de dirección en aquel cruce de caminos.

Estáis pensando ahora. Esa expresión es vuestro equivalente a un «panorama desalentador» en un lenguaje más conciso. Sí..., qué mal rollo. Sin embargo, hasta el insecto más ínfimo del planeta tiene un sentido en el plan global del universo. La mosca insidiosa no iba a ser menos.

Los aborígenes de Australia son los descendientes de los primeros habitantes del país australiano. Durante **50.000** años fueron los únicos habitantes de Australia. Su cultura es hoy la cultura viva más antigua del planeta. Se ha transmitido a través de relatos y canciones, generación tras generación, pues no tenían lengua escrita. En estas canciones, los aborígenes de cada nueva generación aprenden sus leyes y costumbres, su religión y la relación que mantienen con su entorno natural. Son como su manual de supervivencia para un medio ambiente al que escuchan y respetan, estableciendo sinergias con él. Ellos saben que para encontrar la mejor miel hay que poner la oreja sobre los árboles huecos en busca de un sonido de zumbido, delator irremediable de que ahí se encuentra el dulce alimento. O que para ahuyentar las serpientes de la maleza hay que prender fuego a una corteza de eucalipto. Saben dónde cavar un agujero en la arena para encontrar un charco de agua dulce y fresca. Se orientan en el desierto gracias a las estrellas y recolectan, pescan y cazan para vivir.

Sobre la ausencia de idioma escrito y el abandono constante de la escuela por parte de los niños aborígenes, leí una vez, en una entrevista publicada por el *National Geographic*, la respuesta que un joven de la tribu yolngu daba al periodista acerca de la importancia de los libros:

—¿Leer? ¿Qué puedes hacer con un libro cuando tienes hambre? ¿Comértelo?

Superrespuesta. No hay mucho que discutir aquí, ¿no creéis?

En el interior de Australia, conocido como **OUTBACK**, se encuentra el gran desierto rojo. Es una zona inhóspita donde las condiciones de vida son muy duras; aun así, los aborígenes lo han habitado durante miles de años. Y en el corazón del Outback se encuentra el lugar sagrado más importante para los aborígenes. Es uno de los monolitos más grandes del planeta, llamado **ULURU**. Una de las tribus lo ha protegido siempre, los anangu, y es un lugar de peregrinación tradicional para el resto de tribus.

Hoy en día puedes visitar como turista intrépido el lugar, y lo más probable es que te aconsejen hacerlo por aire. Muy poca gente se atreve a hacerlo por tierra, no al estilo de los aborígenes que lo hacen a pie, sino a través de una carretera de casi **3.000** km que cruza Australia de norte a sur. Aun así, en coche, con teléfono móvil y satélites de geolocalización, es un trayecto peligroso; las temperaturas en el desierto rojo son extremas, no hay lugares donde pernoctar y apenas gasolineras. Tendréis que cargar con grandes reservas de agua y algo importante que recuerdan las agencias de viaje: no olvidar una mosquitera para la cabeza, pues, según la época del año en el que lo vayáis a cruzar, las moscas se cuentan por millones y pueden desquiciar a cualquier viajero.

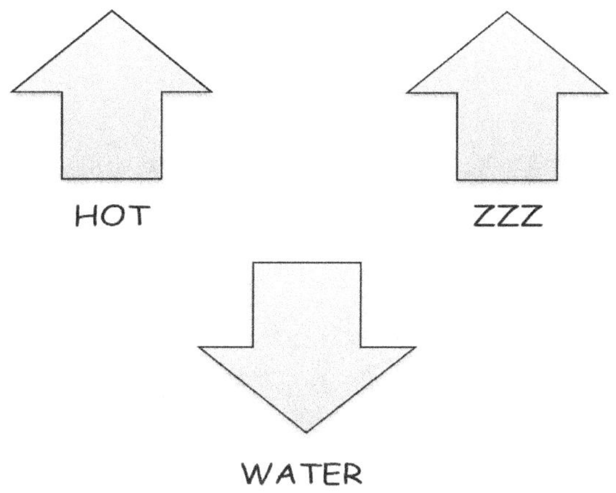

Y los aborígenes hacen el recorrido **a pie.**

Leí una vez lo de las moscas, no recuerdo ahora en qué publicación. Son millones de ellas, volando en enormes nubes que oscurecen el aire. Si encuentran una tribu caminando por el desierto, la envuelven sin remedio llegando a cubrir el cuerpo entero de los aborígenes. Ellos, al contrario que los turistas aguerridos, no llevan mosquiteras unipersonales. Tienen que caminar varias horas en el centro de ese enjambre. Pero los aborígenes las dejan actuar: primero como refrigerio, pues las moscas son insectos de sangre fría y buscan posarse en la piel para calentar su cuerpo cómodamente mientras descansan (de esta manera pueden aliviar el calor corporal del aborigen al estar ellas absorbiéndolo); segundo como servicio de limpieza, ya que las moscas encuentran en la piel humana sudor, restos de sangre de heridas y células muertas en descomposición —su alimento favorito—, de manera que limpian la piel del aborigen, que debe reservar el agua para su consumo.

TÚNEL DE LAVADO Y REFRIGERACIÓN

Para un turista acostumbrado a vivir en un ambiente higienizado, debe de ser algo horrible caminar con una masa de moscas rodeándole el rostro y luchará contra el enjambre cuanto pueda. Para un aborigen, es una circunstancia natural que puede traerle algún beneficio, así que no pierde la cabeza tratando de quitárselas de encima.

Los remordimientos pueden convertirse en un enjambre espectacular si el explorador no anda atento. También, como las moscas del Outback, tienen su función en el plan global del mundo. Pero un hiperviviente debe saber sacar partido de su parte beneficiosa y, después, dejar ir al enjambre.

La culpa, acompañada de su ejército de remordimientos, avisa al explorador de que algo en su ser ha atraído al enjambre: huele a descomposición (alimento favorito de la mosca insidiosa). Es necesario hacer una autoexploración (lo que la Iglesia católica llama examen de conciencia). Algo no ha ido del todo bien y una parte del explorador anda algo seca o moribunda. El explorador se da cuenta, gracias al enjambre, y puede recapacitar.

—Sí —opina—. Equivoqué el camino. Este de ahora es mucho más largo y ya no me queda agua con la que lavar mi piel.

El explorador se lamenta. Es inevitable hacerlo. Humano. Pero a partir de ese momento, la actitud del explorador puede ser la de un simple superviviente o la de un verdadero hiperviviente.

El superviviente, consciente del error que ha cometido, cree merecer ese enjambre y toma la actitud del turista aguerrido que atraviesa el Outback: se hace con un mosquitero.

—Eso es lo mejor —opina.

Cubrir su cuerpo con un escudo protector de manera que, aunque siga oyendo el **ZZZZZ** —y probablemente no le deje dormir—, no tenga a los incómodos insectos re-mordiendo su piel. La nube oscura que rodea su cuerpo, de todas formas, seguirá estando presente, dificultará su visión el resto del camino y le impedirá escuchar hasta el trinar de los pájaros.

Sin embargo, nuestro hiperviviente toma otra actitud. También a él el enjambre le ha advertido de que algo necesitaba limpieza en su cuerpo. Se examina y se da cuenta de su error. Sabe que debió subir a aquel explorador a su barca. Es su corazón el que necesita una ducha. Pero, a diferencia del superviviente, él no piensa que ese enjambre sea ya inevitable y no trata de buscar ningún mosquitero que lo único que hará será evitarle el cosquilleo de las moscas sobre el cuerpo, pero que condicionará para el resto del viaje su propia visión del camino.

El hiperviviente, como los aborígenes, obtiene el beneficio. Se deja limpiar por las moscas y después saca de su mochila el insecticida para moscas insidiosas. Ya no las necesita más y si no se van ellas solitas el hiperviviente las expulsa.

UNDÉCIMA REGLA DEL MANUAL DE HIPERVIVENCIA
No olvides el insecticida para la mosca insidiosa

Un buen hiperviviente sabe que acarrear con remordimientos no sirve de nada en su trayecto. Una vez examinado su error, y con el firme propósito de estar más atento y no volver a equivocar el camino, lo siguiente que hace es espantar a las moscas con su repelente. «Ya hicisteis el trabajo —piensa—, ahora no os necesito».

Y vuelve a caminar con el entusiasmo de antes, con la misma felicidad que sentía antes de equivocarse. Y así, sin enjambre alrededor oscureciéndole la luz, puede disfrutar de nuevo del trayecto, contemplar el paisaje y maravillarse ante él. Y exclamar:

–¡Guau!

Puede que tengáis una opinión distinta de la culpa. Es posible que alguna vez os hayan confundido otros exploradores, personas que no habían entendido demasiado bien la función de las moscas.

Pero **Dios**, el origen, no hizo a sus hijos para que fueran unas personas tristes y agobiadas, atosigadas por enjambres de moscas insidiosas. El origen es amor, y el ♥ quiere ante todo la felicidad de sus criaturas. Y para demostrarnos que la culpa o la tristeza es algo que nos aparta del amor, Jesús de Nazaret nos dijo:

Pero no impuso un castigo. No dijo levántate y camina ahora con un enjambre de moscas insidiosas, que es lo que mereces.

Hay unas palabras preciosas que dijo el papa Francisco (un experto hiperviviente) en su homilía en la Casa Santa Marta el 3 de junio de 2014:

Fijaos bien: Jesús intercede por nosotros, no nos juzga. ¿Vamos a ser nosotros más jueces que Jesús de nosotros mismos?

Dios no quiere las moscas a vuestro alrededor. Quiere escuchar de nuevo los **guaus** de vuestros alegres corazones. Él os ha perdonado antes siquiera de que pudierais pedírselo. Y siempre lo hará.

La culpa debe hacer recapacitar al explorador y que se proponga mejorar. Y debe acercarlo más al amor. Las moscas que no consigan eso y luego se aparten no son moscas limpiadoras, y más bien son un invento del demonio para desesperar al hiperviviente, entristecerlo y apartarlo del amor de Dios, haciéndole creer que no lo merece. Para esas moscas, el hiperviviente lleva siempre en su mochila el insecticida adecuado.

Hubo un explorador, amigo de Jesús, al que todos conocemos bien por ser el gran traidor en la historia sagrada: Judas Iscariote. Recordad siempre que Judas no llevaba su insecticida y no pudo acabar con el enjambre de moscas. Aquella nube oscura le cegó los ojos y ya no pudo ver la señal de retorno en el camino. No encontró el camino de vuelta al amor de Dios y se perdió aún más.

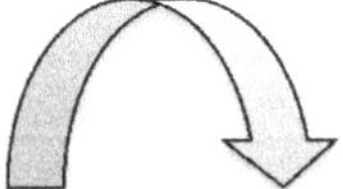 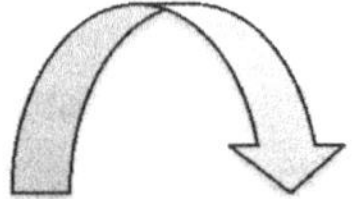 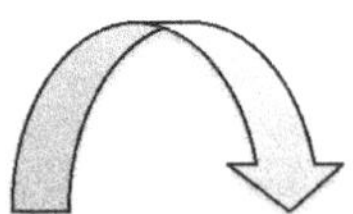

La misericordia y el perdón de Dios son infinitos. No lo dudéis nunca y no lo olvidéis jamás. Un hiperviviente sabe que siempre hay un camino de vuelta. Un hiperviviente no permite que el enjambre de moscas re-mordientes le oculte esa salida.

CURIOSIDAD: En la religión de los aborígenes de Australia, el tiempo de la creación se llama «Tiempo del Sueño». Ellos creen que la creación es continua, no ocurrió en el pasado, sino que se da en el presente real. De esta forma, el presente es eterno y a través de actos rituales, cantos, objetos sagrados o pinturas se puede acceder al poder del «Sueño» y entrar en el eterno «Ahora».

Me he divertido mucho escribiendo el capítulo anterior. Las historias de los aborígenes australianos, que leí en alguna década lejana de mi vida, han aflorado ahora en este libro como si estuvieran esperando desde entonces en mi mente, apostadas y sin hacer ruido, el momento preciso en el que iban a ser necesarias. Cuando empecé este libro y os respondía a la pregunta que imaginaba que formularíais: «**¿De qué va este libro?**», os dije que no lo sabía aún. Mucho menos sabía aquel 13 de junio de 2020 que mis antiguos amigos, los aborígenes australianos, iban a salir a relucir entre sus páginas. Pero lo han hecho. Prácticamente ellos solos. Sin premeditación ni alevosía por mi parte. Puedo prometeros, por mi honor, que no tenía ni idea de que aparecerían, ni siquiera cuando en mi mente se perfiló la idea de hablaros de la culpa. Aunque os parezca raro, es así.

Una vez leí que hay dos tipos de escritores: el escritor arquitecto y el escritor escultor. El arquitecto, cuando se sienta a escribir su libro, ya tiene una pared de su casa entera forrada de planos. Datos, nombres, hechos, todo lo que va a ocurrir en su libro está ya determinado en esos planos, de manera que construye su libro acorde a esas mediciones.

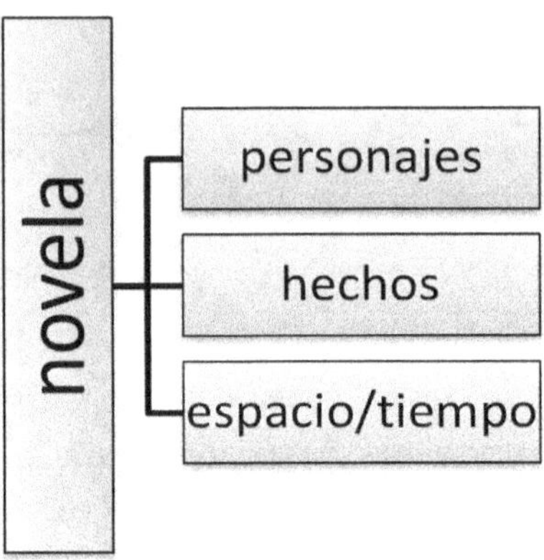

Sin embargo, el escritor escultor no tiene plano alguno. Él toma el barro entre sus manos y empieza a moldear. Solo sabe que quiere conseguir una obra hermosa, pero la obra irá surgiendo de la presión de sus manos contra la arcilla, que no responde a ninguna medición. Visto así, yo debo de ser escritora escultora.

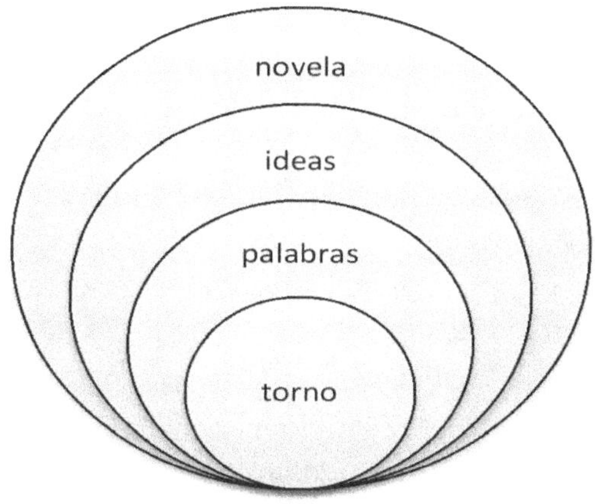

Como os decía, me fascinaron entonces las historias que leí sobre los aborígenes y las he vuelto a encontrar asombrosas al releerlas ahora. Pero aún me alucina más comprobar cómo esas historias por las que me interesé en algún momento de mi camino lector se quedaron prendidas de mi memoria hasta aparecer aquí, justo en este momento de mi vida en el que decido escribiros este libro, precisamente en ese capítulo en el que os quería hablar de la culpa. Han aflorado de mis recuerdos y me han ayudado a dotar de sentido mi propia historia, esta que os cuento en este libro que ahora leéis.

Es el **PODER DE LAS HISTORIAS**. Todo lo que leemos en nuestra vida, todo aquello que emocionalmente nos mueve en algún sentido, se queda ahi, ocupando un lugar en nuestra memoria cultural. Toda esa ingente cantidad de conocimiento que un cerebro humano —apenas kilo y medio de peso— puede acumular y que en un momento dado revolotea por nuestra consciencia y nos permite «cerrar círculos». No sé por qué en aquella época de mi vida me interesé por estos aborígenes. No sé qué casualidad, o que magia de los libros, intercedió para que en mis manos cayeran las primeras pesquisas sobre ellos. Pero ocurrió, me emocionaron en algún sentido y se quedaron conmigo. Ahora una parte pequeña de ellas la conocéis vosotros. A lo mejor, sin saberlo, he prendido una chispa en vuestro interés también. Pero, sobre todo, la historia del enjambre de moscas me ha permitido a mí crear una metáfora con cierta solera.

Esas historias que rondaban mi cabeza han cumplido hoy, 5 de julio de 2020, una muy digna función. Y han cerrado su círculo o, al menos, uno de sus círculos.

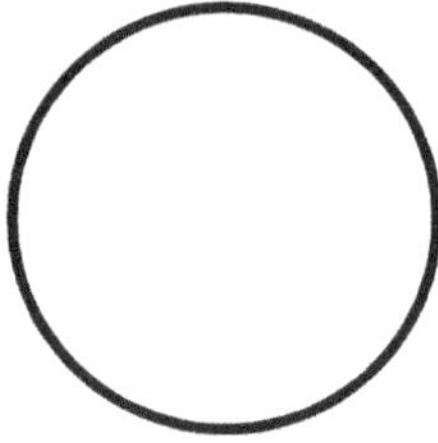

Un hiperviviente siempre consume historias. Nunca se niega a un conocimiento, por superfluo que pueda parecer, si le mueve en algún sentido. Todo lo que se queda aferrado al ♥ de un hiperviviente tendrá un sentido en su camino, más adelante, incluso varios años después. No importa. Pero en algún momento sentirá que aquella historia ha cerrado su círculo, que en el instante presente ha cumplido una función.

El hiperviviente gusta de oír las historias de otros exploradores. Cuando cae la noche y se montan las tiendas, es el primero en animar al resto a sentarse junto a la hoguera. Él conoce el poder de las historias. Sabe que las historias son necesarias para todos los exploradores, porque nos hacen sentirnos parte de un todo más global, nos confieren sentido de pertenencia.

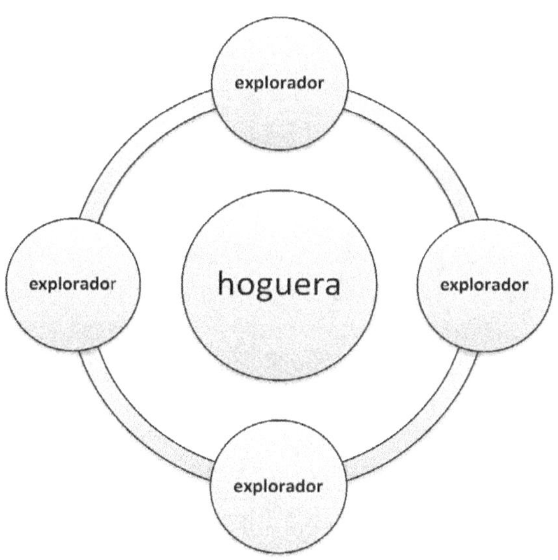

No estamos solos, formamos parte de algo mayor. Pertenecemos a una misma **hoguera**: una cultura, una religión, una tradición folclórica, una raza, una familia, a la que nos acercamos buscando cobijo. Y lo sabemos al reconocernos en las historias.

También las historias que escuchamos y después transmitimos nos hacen participar, de alguna manera, de la inmortalidad de las palabras. **LO QUE ESTÁ ESCRITO ESCRITO ESTÁ**. Y los exploradores lo hemos conocido, lo hemos transmitido y, a lo mejor, nuestros hijos lo transmitirán a los suyos. Así las historias nos hacen sentirnos parte del engranaje de la eternidad.

Os hablé de la importancia de conocer la historia de vuestro origen, ahí están algunas claves de parte de vuestra historia personal. Habéis comprobado, a lo largo de estas páginas, cómo acudiendo al origen de algo podemos comprender el sentido global de muchas cosas; el dolor, la sangre de la herida, tenían un significado oculto para vosotros que no conocíais hasta estudiar su principio científico.

Pero hay muchas más historias:

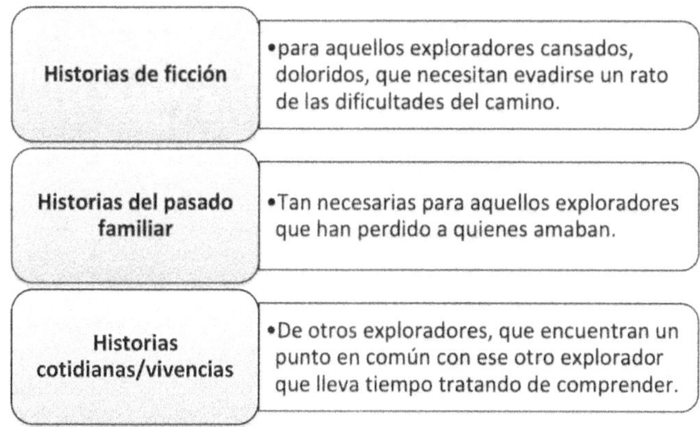

Historias, todas, que en definitiva hacen soñar a los exploradores ayudando a mantener muy viva la llama de la ilusión.

Vuestro padre siempre dice una cosa muy cierta: aquellos exploradores que se quedan encerrados en su tienda y no salen al paso de otros exploradores para intercambiar historias acaban teniendo una visión del camino que poco o nada tiene que ver con la realidad. Si un explorador no comparte sus historias, no las enfrenta a otros exploradores, ni recibe las historias de otros, acabará estando seguro de que el cuento que él se cuenta a sí mismo es el único fidedigno y verdadero. Y si es negra la tela del interior de su tienda, acabará creyendo que negras son todas las telas del interior de todas las tiendas. Y no saldrá nunca de su error, porque se ha negado a sentarse junto a la hoguera cada noche a oír las historias del resto de exploradores y compartir la suya propia. Así que no sabrá que hay tiendas rosas, amarillas, naranjas y azules, y que la suya es negra por enrarecida. Y que quizás, con agua y jabón, podría descubrir que en realidad la suya siempre ha sido verde.

DUODÉCIMA REGLA DEL MANUAL DE HIPERVIVENCIA
Escucha y comparte siempre historias en la hoguera

Si queréis llegar a ser unos buenos hipervivientes, dedicaréis tiempo a las historias. Leeréis, escucharéis a otros exploradores, os contaréis las vuestras propias y transmitiréis las que consideráis necesarias. No hay que ser escritor para eso. Aunque yo sea una pesada y os quiera dejar parte de mis historias por escrito. Escuchad a vuestros abuelos, ellos tienen las mejores historias, pues suman ya muchos años siendo exploradores en esos mismos caminos que a vosotros se os antojan nuevos.

Las historias son universales y únicas, globales y particulares, son el todo y la parte en la vida de un hiperviviente. Las historias buscan cerrar su círculo. Estad atentos a ellas, siempre curiosos y siempre solidarios con las historias. Y cuando alguna de las que se os haya quedado adherida al corazón, en algún lejano día, cierre su círculo en vuestra propia historia personal, gritad con fuerza: ¡Guau!

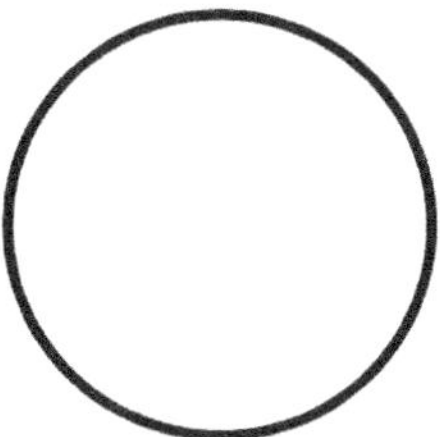

CURIOSIDAD: Se cree que la historia conocida más antigua de la humanidad es la epopeya de Gilgamesh, escrita en tablillas de arcilla, utilizando la escritura cuneiforme (lenguaje sumerio), entre los años 2500-2000 a. C. Cuenta la historia de Gilgamesh, rey de Uruk, antigua ciudad mesopotámica situada cerca de Bagdad, en la actual Irak.

Br
Na
I
S
N
Ag
O
Po
Ne
P
Ca
C
Li
He
Fe
H

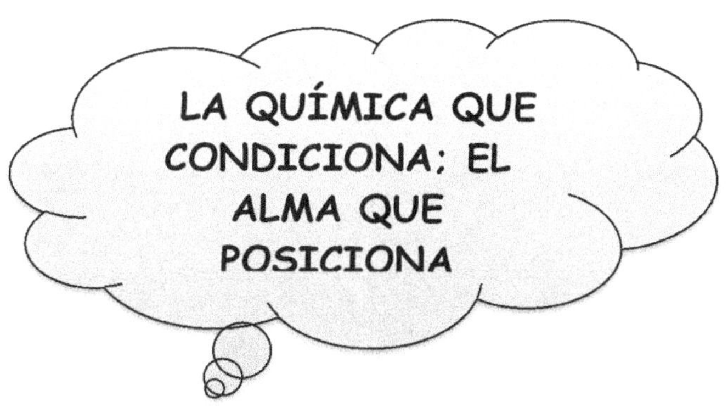

¿Cómo vais, equipo? ¿Muy aburridos ya? Estoy esforzándome mucho para que no sea así. Para mí es nuevo esto, siempre he escrito ficción, un terreno en el que me siento como pez en el agua, pues me permite crear mundos sin condiciones, sin límites morales, científicos ni lógicos. Y esa es una experiencia única y liberadora como pocas.

Pero este libro es otra cosa, claro. En él estoy tratando de explicaros este mundo concreto y es más difícil explicar la realidad que crearla. Porque la realidad es muy compleja, tanto que la mayoría de las veces solo a partir de la ficción somos capaces de encontrarle algo de sentido.

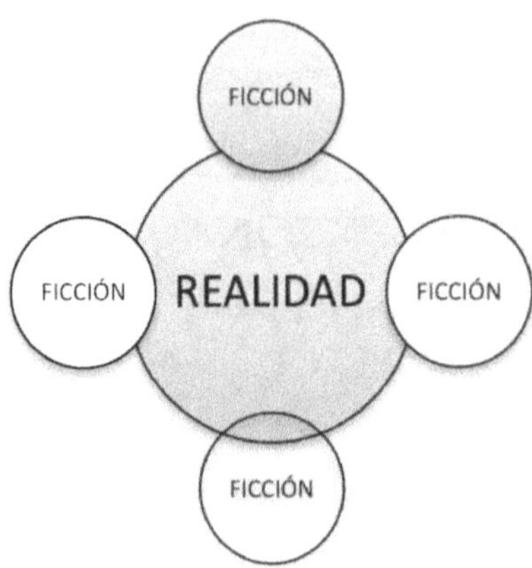

Tenéis que saber que en el camino os pasarán infinidad de cosas que os desconcertarán. No podréis encajarlas en vuestros habituales esquemas mentales, ni mucho menos encontrarles el sentido a primera vista. Ese tipo de acontecimientos, esas situaciones que supondrán un reto para vuestro entendimiento racional, serán los candidatos **number one** para vuestro entendimiento creativo. La ficción, inconexa con cualquier lógica matemática, científica o incluso moral, llegará al rescate y os aportará una nueva visión de los hechos con la que os sentiréis más a gusto.

Y no hace falta ser escritor para esto. Nuestro cerebro —ese kilo y medio de masa— es más que una conexión de células especializadas en almacenar conocimiento y ha permitido al hombre, desde que hombre es, tener dos cosas maravillosas:

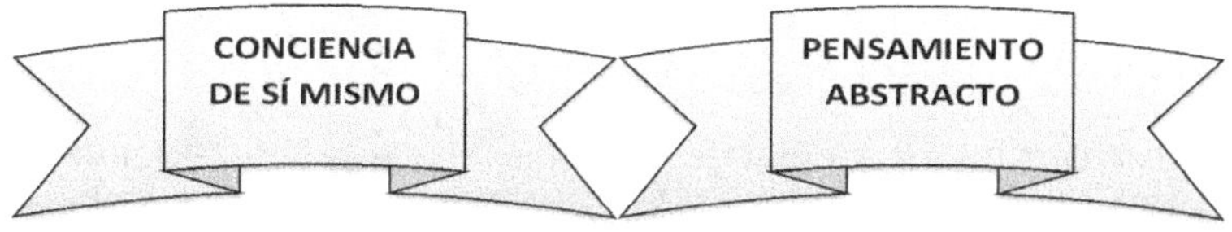

La ficción, la capacidad de hablar sobre cosas que en realidad no existen, es única de nuestro cerebro. Y nos permite imaginar, crear conceptos colectivos, soñar y filosofar acerca del sentido de las cosas. Y es una manera de descubrir alternativas al sentido oculto de muchas de las cosas que pasan a nivel real. La linterna de sentir y la capacidad de «ficcionar» de vuestro cerebro os descubrirán mucha parte de ese mundo oculto que un hiperviviente conoce bien.

Como decía, este libro es un reto para mí, y no solo por el nuevo género literario que estoy explorando, sino, sobre todo, por los exigentes lectores a los que va dirigido: vosotros. Así que lo repaso una y otra vez y, a cada vuelta que doy, calculo que se van a la papelera de reciclaje de mi ordenador unas dos páginas de media y un cuarto de centenar de adjetivos. ¡Y no sabéis lo que me cuesta a mí desprenderme de los adjetivos! Pero quiero que lo paséis bien en el ratito que dediquéis a esta nueva aventura de mamá. Así que me esfuerzo por construir capítulos cortos para amenizaros la lectura y por reducir «densidad poética», que sé que todavía no tenéis interés por ella.

Y digo todavía porque la semilla poética ya la planté en vosotros y puede que algún día germine. ¿Os acordáis de nuestras primeras lecturas nocturnas? Erais muy peques, nos tumbábamos en mi cama, sobre todo en primavera y verano, y la primera escritora que os presenté fue **Gloria Fuertes**, gran poetisa (sé que aún podéis recitar de memoria algunos de sus entrañables versos).

Pero vamos a seguir con un capítulo al que le tengo muchas ganas. Y, como siempre, voy a tirar de mi amiga la ciencia (aunque seguro que acabo de la mano de mi amante, la filosofía).

«Polvo eres y en polvo te convertirás».

Esta frase se la oímos repetir al sacerdote cada Miércoles de Ceniza mientras nos pone sobre la frente la cruz que indica el principio de la Cuaresma. Esa ceniza proviene de las palmas que se bendijeron en el Domingo de Ramos (en la Semana Santa anterior). Es un rito cristiano que conocéis bien. Me gusta mucho que la Iglesia católica haya usado esa fórmula durante años. Seguro que es una frase que gusta a todos, incluidos los ateos. Polvo eres y en polvo te convertirás. Es la forma en la que la Iglesia nos recuerda que somos carne humana y mortal, que nacimos un día y un día moriremos. La religión en concordancia con la ciencia. Sí, con la ciencia.

La ciencia nos dice que, efectivamente, todos somos polvo, o como más poéticamente dijo alguien alguna vez (se le atribuye esta frase a Carl Sagan, pero algunos científicos anteriores a él ya habían mencionado este concepto):

¿Qué quiere decir esto? Que todas las teorías del origen del universo coinciden en una cosa: la materia de la que todo está hecho tuvo el mismo origen. Las moléculas se organizaron y constituyeron planetas, estrellas y organismos vivos (en el caso de la tierra), pero la materia de las estrellas, en cierta forma, es la misma de nuestros cuerpos, y surgió, junto con la energía y el tiempo, en el mismo momento creativo (en el **Big Bang,** que es la teoría más aceptada entre los científicos, aunque hay algunas más).

En el relato del **Génesis** de la Biblia cristiana, encontramos esa sintonía conceptual con la explicación del Big Bang de los científicos. En él se nos presenta a Dios nombrando las cosas que crea a partir de lo que ya ha creado. De manera que todo el universo tangible está hecho de la misma materia, incluso Adán y Eva. La Biblia NO dice que Adán y Eva salieran de la manga de la túnica de Dios. Y la Biblia, para cualquier ateo que se precie, podría decir cualquier cosa, porque para ellos cualquier cosa que dice es un cuento (a los cristianos nos gusta respetar más su sentido sagrado, y para nosotros son parábolas inspiradas por Dios).

Pero fijaos que, pudiendo decir cualquier cosa, pudiendo contar cualquier cuento, la Biblia no dice cualquier cosa, sino que dice que el primer hombre y la primera mujer salieron del barro y del hueso. Así que el relato bíblico confirma lo que saben los científicos: somos polvo de estrellas. Y polvo volveremos a ser... si no lo remediamos antes.

El hombre es el ser biológicamente más complejo que anda sobre la tierra. No cabe duda alguna, ni al más acérrimo creyente le debe caber, de que estamos hechos de materia y funcionamos gracias a ella. Todo nuestro engranaje, toda nuestra capacidad de nacer, nutrirnos, crecer, relacionarnos y reproducirnos, depende de que funcionen, milimétricamente, todos los componentes de nuestro cuerpo. Con que haya déficit en una sola molécula de nuestro cuerpo, un metabolito insignificante como el hierro, el litio o el potasio, puede provocarse un caos en el sistema general.

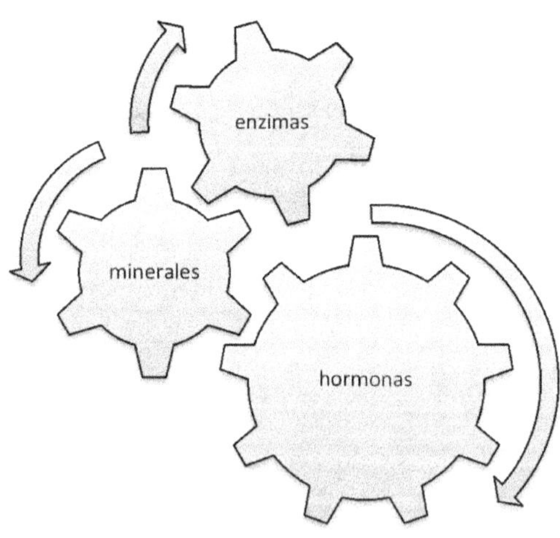

La medicina ha estudiado a lo largo de nuestra historia cómo funcionan los mecanismos internos de nuestro cuerpo y qué función tiene cada una de las moléculas químicas que lo regulan. Ya hablamos de las hormonas en otro capítulo y os advertí que van a ser responsables de una cosa que *a priori* podríais pensar que debe de ser la cosa más libre del mundo: **el amor**. Hasta qué punto la química de nuestro cuerpo condiciona algo tan subjetivo como el amor que sentimos por una persona en un momento dado de la vida es algo que maravilla a la ciencia; y es un terreno abonado donde los supervivientes encuentran las razones a su *modus operandi*.

Porque si todo se explica así, todo es **controlable**; y recordad qué obsesión tiene un superviviente por el control.

Es cierto, somos química. Y si a un chimpancé le inyectamos una buena dosis de testosterona, podemos lograr que de un día para otro haya peleado con todos los miembros de su familia o, como mínimo, se haya mostrado más nervioso de lo habitual.

Los neurólogos, genetistas, médicos y psiquiatras han estudiado a ese gran desconocido que es el cerebro humano y tienen localizadas muchas de las regiones implicadas en el habla, en la elaboración de pensamientos, en la percepción de las emociones, en el aprendizaje matemático o en las destrezas artísticas. Y aun así admiten que tardaremos cientos de años en conocer el cerebro.

Un superviviente se pone nervioso con esta afirmación, mientras que el hiperviviente dice:

—**Guau**.

Pero si somos química y mecanismos orgánicos aún desconocidos que iremos desentrañando hasta conseguir tener la explicación del comportamiento más complejo de la más compleja de las personalidades humanas, ¿qué libertad tenemos en lo que hacemos? ¿Somos realmente libres o somos esclavos de la materia de la que estamos hechos?

DECIMOTERCERA REGLA DEL MANUAL DE HIPERVIVENCIA
Conoce tu condición, elige tu posición

Un hiperviviente escucha las historias y no se niega al conocimiento. Así sabe, porque la ciencia se lo ha explicado, que esa época del camino en la que se ha sentido triste y derrotado tenía mucho que ver con que su serotonina en sangre (la hormona llamada «de la felicidad») y GABA (el principal neurotransmisor inhibitorio del sistema nervioso) se encontraban en su cuerpo en niveles extremadamente

También puede saber que quizás ha llevado los últimos días una dieta escasa en carbohidratos y ha ingerido pocos

lácteos, huevos, garbanzos o carne, lo que ha llevado a su cuerpo a sintetizar menos cantidad de esas sustancias. Es posible que haya comido poca fruta y las vitaminas implicadas en la síntesis de esas moléculas eran escasas. Puede saberlo porque la ciencia lo ha descubierto y puede beneficiarse de este conocimiento y tratar de compensar esa carencia para estimular la producción de las hormonas requeridas.

Desde luego, es lo que el superviviente hará, confiando de la forma en que lo hace en ese conocimiento riguroso, ese mundo perfecto para él en el que dos más dos son cuatro. Y también lo hará el hiperviviente, que de tonto no tiene un pelo y da toda la credibilidad —que, de hecho, tiene— a la ciencia.

Pero el hiperviviente, además, sabe otra cosa. Él es un humano, el producto biológico de complejos mecanismos orgánicos, y también una persona, un ser **animado**, dotado de una entidad única e irrepetible que le hace un ser distinto a todos y libre por encima de su condición química. ¿Y qué le otorga este conocimiento que de sí tiene el hiperviviente? La capacidad de elegir su posición en esos días en que la química condicionó su humor.

El hiperviviente buscará consejo médico para esas horas bajas en las que se encuentra y seguirá sus instrucciones, pero, por encima de la manifestación emocional que la bajada de hormonas le está provocando, su ser animado interior le incitará a imponerse a esa dictadura química. Ha conocido lo que le pasa, le pondrá el remedio científico que esté a su alcance, pero, sobre todo, elegirá la posición, la actitud que va a mantener en ese periodo de tiempo. Porque el hiperviviente sabe que su alma, el millón de alas de mariposa que aletean en su pecho, no depende de la serotonina ni de la dopamina. Y sabe que él es antes esa alma que ese cuerpo. Con ella es con la que realmente piensa el hiperviviente en los momentos más transcendentales del camino; con ella elige y se posiciona como le da la real gana. Porque el hiperviviente sabe que somos polvo de estrellas, sí, pero polvo **animado**. Y las ganas, la fuerza y la determinación que surgen del lugar del pecho insuflado por el mismo creador le ganan por goleada a los garbanzos, los carbohidratos y la carne.

Hubo una hiperviviente de la que os he hablado alguna vez: vuestra bisabuela Carmen. Ya conocéis la historia extraordinaria que me ocurrió con ella. Y ya sabéis que a mí no me pareció extraordinaria en absoluto, aunque agradezco a Dios infinito que me permitiera vivirla.

Un superviviente os dirá que alguien con el cerebro destrozado no puede hablaros. Un superviviente neurólogo también. Un superviviente psiquiatra os dirá que, si lo habéis oído hablar, es vuestro cerebro el que habría que mirar... Sí, hasta eso oye uno en el camino de la vida...

Un hiperviviente sabe que el alma es tan poderosa que puede imponer su voluntad sobre la dictadura química. Y no hay argumento científico que pueda explicar eso..., pero no hay principio humano que se sostenga más que esa realidad. La biología, de la que el mismo Jesús participó, en unidad absoluta con nuestra alma, forma nuestro todo único y maravilloso, que nos distingue de cualquier otra criatura del universo; nos dota de la increíble capacidad de ser, más allá de tejidos y ecuaciones químicas, unos seres libres y conscientes de su entidad, capaces de superar cualquier esclavitud física.

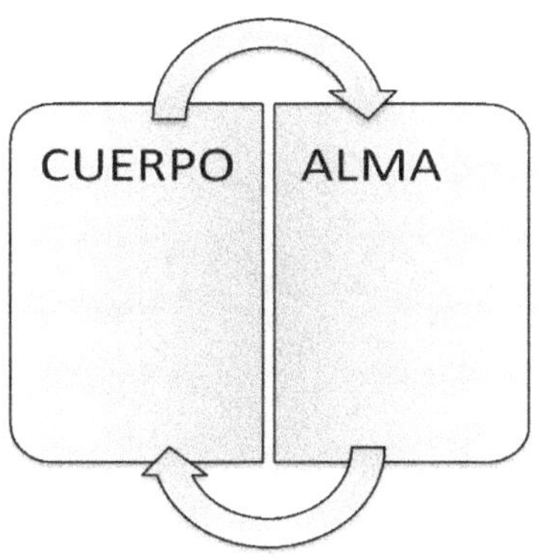

Hubo un hiperviviente en la historia, un poeta inglés llamado William Ernest Henley, que sufrió desde los doce años mucha de esa esclavitud física. Desde niño padeció de tuberculosis en los huesos, y la enfermedad limitó toda su vida. El personaje más entrañable del libro *La isla del tesoro* (obligada lectura si sois hijos míos), John Silver el Largo, está inspirado en el propio William Ernest, según reconoció el escritor de esta obra.

Pues William Ernest, nuestro poeta inglés, escribió, desde la cama de uno de los hospitales que con tanta frecuencia visitaba, un poema que resume bien este conocimiento que los hipervivientes alcanzan sobre su alma. Leedlo con detenimiento, que no tiene desperdicio. El poema, años más tarde, fue incluido en un libro recopilatorio de poesía bajo el título *Invictus* (invicto, del latín, inconquistable) y dice así:

En esta noche que me cubre,
negra como el abismo,
doy gracias a los dioses que puedan existir
por mi alma inconquistable.

En las circunstancias que me sujetan cruelmente,
no muestro dolor, ni lloro en alto.
Golpeado por el destino,
mi cabeza sangra, pero se mantiene erguida.

Más allá de este lugar de ira y lágrimas
me esperan los horrores de las sombras;
sin embargo, la sombra más allá
me encuentra y me encontrará sin miedo.

No importa lo estrecha que sea la puerta,
no importa el castigo más allá.

Soy el amo de mi destino,
Soy el capitán de mi alma.

Ya lo sabéis: estáis al mando, exploradores. Sed capitanes.

173

Animado (definición de la RAE): Dotado de alma.
Del latín *anima* (aire, aliento, alma).

Como vais a pasar mucho tiempo a la intemperie, he pensado que debéis estar familiarizados con las **fuerzas de la naturaleza**. Estas fuerzas no son solo tensiones externas a los exploradores. Recordad que ya hemos visto que todo el universo está hecho de la misma materia y toda la energía que fluye por él lo hace por todos sus elementos.

Muchas antiguas civilizaciones usaban los cuatro elementos para explicar las fuerzas del universo.

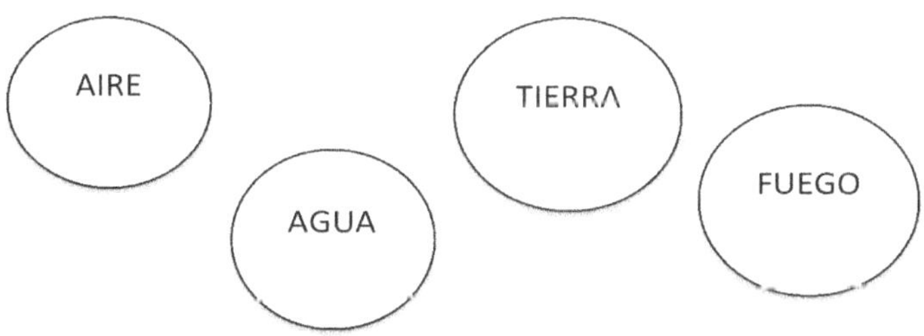

En nuestra cultura occidental, la teoría de los cuatro elementos llegó de la mano de los filósofos presocráticos. A lo largo de las diferentes escuelas de la filosofía griega, el origen de todo el universo se fue asignando a uno u otro elemento. Incluso se añadió un quinto elemento: el éter. Fue Aristóteles quien lo hizo, aludiendo a que los otros cuatro elementos eran terrenales, y las estrellas, eternas e incorruptibles, no podían estar hechas de lo mismo.

Os parecerá que, ya que sabemos por la ciencia que sí que somos todos lo mismo, darle importancia a estas teorías de la antigua Grecia no tiene ahora ningún sentido. Pero pensad en una cosa: estamos en el año 2020, nuestros científicos de ahora son los filósofos de entonces (no solo se dedicaban a filosofar sobre conceptos éticos; los filósofos eran las personas más cultas de entonces y estudiaban matemáticas, astronomía, física e incluso medicina). Y, si el hombre no lo destroza todo antes y se autoaniquila, es posible que el calendario de los exploradores del futuro llegue a marcar el año 4020 o el 12020 o incluso el 1145020 (es posible, pues a nuestra estrella, el sol, le quedan por delante aún **5.000 mil millones** de años de vida).

¿Y de verdad creéis que en el año 12020 la teoría del Big Bang o la de la relatividad de Einstein o la última y flamante del multiverso de Hawking habrán permanecido siendo ciertas así, tal y como las conocemos ahora?

No, estas teorías, para los exploradores de entonces, serán como los cuentos que ahora mismo os parecen la teoría de Tales de Mileto y su *arché* (el origen de todo es el agua), la de Heráclito discutiendo que el fuego era el origen o la de Aristóteles y su quinto elemento.

Los exploradores del futuro leerán estas cosas nuestras y pensarán que nuestro conocimiento científico del universo era rudimentario y casi mitológico. Pero es nuestra forma, hasta la fecha, de explicar lo que nos rodea, y hemos llegado hasta aquí apoyándonos en todas y cada una de las teorías que se han sucedido a lo largo de la historia, las que esos exploradores que habitaron esta misma tierra en el año 700 antes de Cristo concluyeron como posibles.

Tal vez un superviviente sigue pensando que entender estas teorías desfasadas no sirve de nada. Pero un hiperviviente sabe lo importante que puede llegar a ser conocer el origen. Y seguro que ahora, visto desde el punto de vista expuesto, le parece que aquel entrañable Tales de Mileto (que no iba nada desencaminado, pues también los científicos de hoy creen que en el agua comenzó la vida) hacía lo que podía para tratar de desentrañarle los secretos al mundo. Y que los palos de ciego que se han dado en la historia del conocimiento humano hasta la fecha son los mismos que se siguen dando en este siglo, y así los verá un explorador que repase nuestras teorías sobre el universo en el año 12020. Si esperamos que esos exploradores del futuro observen nuestras teorías con respeto, es de justicia que respetemos nosotros las de aquellos que nos precedieron. Todo conocimiento adquirido por el hombre merece un profundo respeto.

Pero retomemos el hilo. Con más o menos acierto en cuanto a teorías del origen, tenemos cuatro elementos poderosos indispensables para el camino: agua, aire, tierra y fuego.

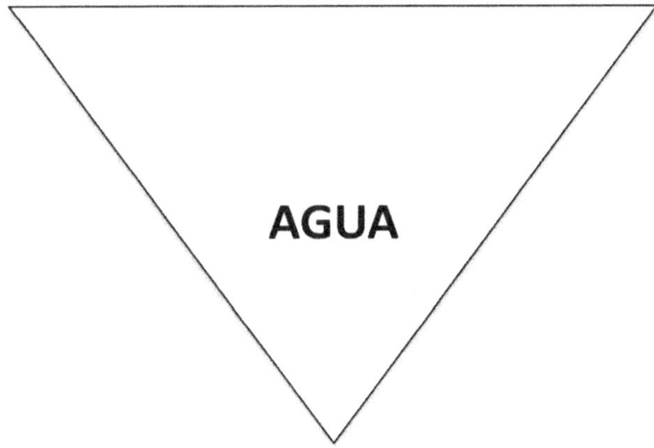

El agua, fuente de vida, os proporcionará la hidratación necesaria para vuestro cuerpo (somos un 60% agua). También os permitirá refrescaros en las horas de sofocante calor. La lluvia permite que las plantas crezcan y den frutos, y cuando estéis agotados y sucios, os daréis un buen baño purificador.

Con todo esto podríamos decir que el agua es un elemento amigo, muy útil y de vital necesidad para el camino.

Pero el agua puede desplomarse del cielo con violencia en un muro interminable durante días y provocar graves inundaciones. O puede correr embravecida entre rocas y saltos y suponer una barrera infranqueable. O puede ser profunda y eterna y extenuar al más experto nadador.

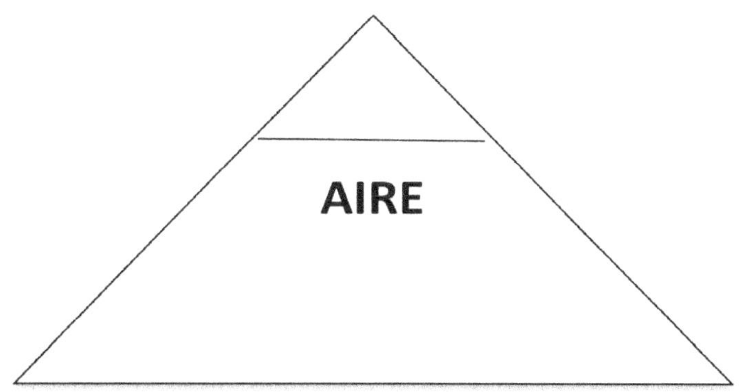

El aire es un elemento invisible indispensable para la vida tal y como se ha desarrollado en la tierra. Con el oxígeno que toman nuestros pulmones, las células de nuestro cuerpo pueden quemar los nutrientes para obtener la energía necesaria para que todo lo demás funcione. En concreto, estas centrales eléctricas están situadas en unos orgánulos del interior celular llamados mitocondrias. Así que el aire permite la vida que conocemos y sin oxígeno el hombre no puede vivir. Podemos decir, como dijimos con el agua, que es un elemento vital.

Pero el aire puede agitarse peligrosamente, formar remolinos, tornados y huracanes y destrozar cuanto encuentre a su paso, sea elemento natural o humano.

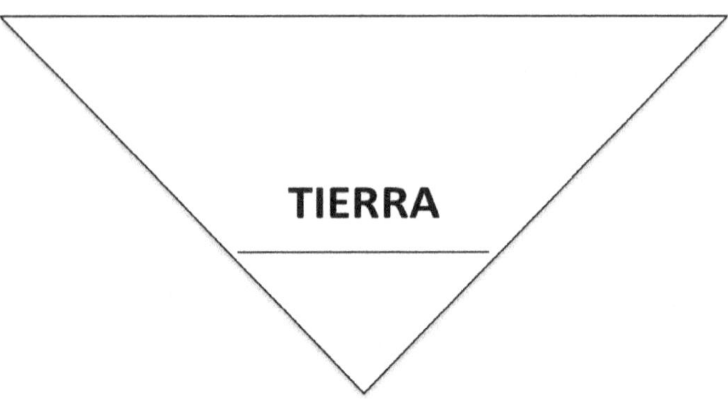

La tierra es nuestro hogar. Es en su superficie donde hemos desarrollado la vida. Proporciona los frutos de los que el hombre se alimenta. Es el trozo firme donde se sustenta vuestra tienda y es el mundo robusto y estable en el que estáis.

Hasta que la tierra ruge. Entonces vomita roca fundida desde su interior y tiembla con la fuerza de un dios. Y puede tragarse aldeas, pueblos y ciudades enteras.

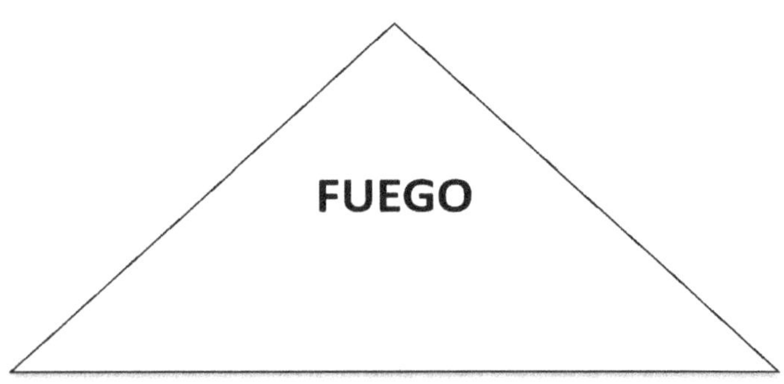

Y el fuego. El fuego os permitirá cocinar los alimentos, es importante esto, no solo porque están más ricos, sino por el efecto purificador que tiene sobre ellos, eliminando gérmenes que pueden ser perjudiciales. También os proporcionará una protección inestimable contra el frío y ayudará en el desempeño de muchos trabajos.

Pero el fuego, descontrolado, puede arrasar con todo a su paso, dejando solo cenizas y muerte.

¿Y por qué os cuento todas estas evidencias?

Porque un hiperviviente debe estar atento a las fuerzas de la naturaleza, debe reconocerlas, emplear su lado positivo y tratar de controlar el aspecto negativo.

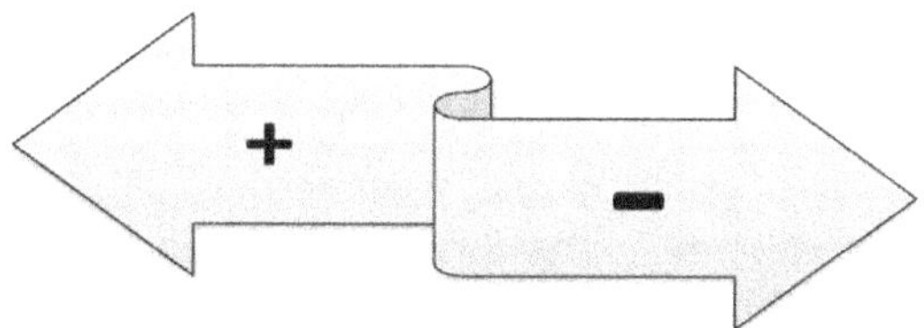

Las fuerzas de la naturaleza no están solo en esos elementos ambientales, sino que operan también en el interior de los exploradores. Cinco, siete, ocho elementos los que cada explorador reconoce tener dentro de sí y los ha visto actuar con amabilidad o con violencia.

Un hiperviviente escucha sus elementos, atiende a ese rumor. Descubre cuáles son aquellos más marcados, los que constituyen su temperamento, y trata de mantenerlos bajo control, obtener de ellos un beneficio e impedir ser destruido cuando los elementos se crispen.

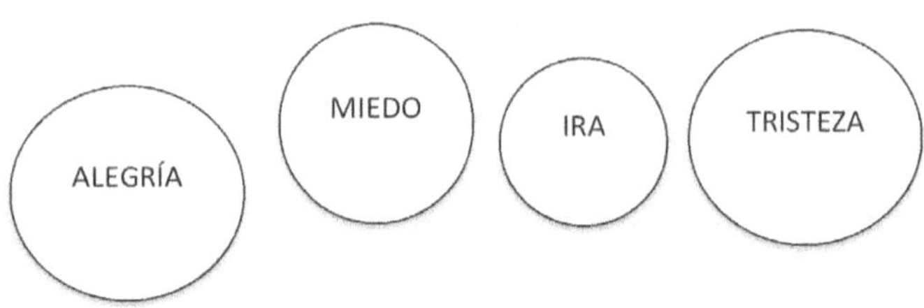

Así como el agua, el aire, la tierra y el fuego, estos son elementos básicos, son las **emociones** con las que todo humano nace, indispensables para la condición humana. Sin ellas no seríamos polvo **animado** de estrellas, más bien seríamos polvo robotizado de estrellas.

Pero más allá de estas cinco emociones, el ser humano es capaz de sentir muchas más y sentirlas en muy diferentes grados. Aquellas como la sorpresa, el orgullo, la admiración, la compasión, el amor, la calma, la ansiedad, la nostalgia, el aburrimiento, la envidia, la confusión o el triunfo son parte elemental de la experiencia que el explorador tiene de sí mismo y de su entorno.

Todos estos elementos de la naturaleza humana, todas estas fuerzas de la naturaleza humana, son las **pasiones**. E igual que no hay universo sin sus elementos, no hay naturaleza humana sin las pasiones. Y así como el agua en sí no puede ser mala, sino un constituyente del medio que ha resultado indispensable para el desarrollo de la vida, ninguna pasión en sí es mala, sino un constituyente esencial de la capacidad intelectual y emocional que define al polvo **animado** de estrellas.

Pero el agua puede caer a traición e inundarnos la tienda, a menos que la hayáis montado a resguardo; y el fuego puede arder sin control y quemar todo el campamento, salvo que hayáis previsto un cortafuegos. Del mismo modo, las pasiones humanas pueden arruinar la experiencia del explorador si están descontroladas. Aunque, ojo, sin pasiones no hay hiperviviente que valga.

¿Dónde está el truco entonces?

DECIMOCUARTA REGLA DEL MANUAL DE HIPERVIVENCIA
Asegura bien los estribos

En el capítulo anterior hablábamos del alma como capitán de vuestro barco, ¿recordáis? El alma es libre de elegir vuestra posición ante las esclavitudes físicas y químicas del cuerpo. Pero las emociones, esos elementos que conforman el temperamento, son algo más que cadenas condicionantes. Son mucho más. Es más, no son en absoluto cadenas, sino todo lo contrario, son la forma en que se expresa vuestra esencia más libre. Así que no se trata ahora de imponerse sobre ellas, como dijimos que el hiperviviente hace sobre la caída de dopaminas.

No se pueden anular, son el componente elemental del alma. No puede el alma actuar contra sí misma.

Muchos supervivientes os dirán que las pasiones son un elemento de distracción que no permite a la razón concentrarse en las tareas elementales, y un despiste puede ser muy grave cuando la supervivencia está en juego.

No es verdad, las pasiones no son peligrosas para la integridad del hiperviviente, no son algo malo de nuestra naturaleza. Recordad que fuimos hechos a imagen y semejanza del creador, y que el mismo Jesús de Nazaret asumió esta naturaleza. Las pasiones, todas ellas, nos dan la pista de ese mundo inmaterial que nuestra alma conoce bien.

Detrás de cosas que en principio pueden parecernos indignas como la avaricia, la pereza, la soberbia o incluso la lujuria, se esconde el ansia viva del alma por regresar a ese lugar al que pertenece.

Donde lo tenía TODO y estaba completa

☐ Avaricia y lujuria

Donde se sabía DIOS con Dios

☐ Soberbia

Donde estaba en PAZ

☐ Pereza

Detrás de cada pasión humana, podemos descubrir el don del que gozaba nuestra alma. Nuestra alma aspira a regresar a ese lugar donde estaba completa, donde era completamente amada.

Y el hiperviviente es un explorador mucho más consciente de su alma que ningún otro. Así que el hiperviviente es un ser pasional ante todo. Y buscará la pasión en todo aquello que haga. Porque le recordará lo vivo que está, y que está vivo más allá de este mundo que sus sentidos contemplan.

No, esta vez no se trata de anular el efecto de los niveles bajos de dopamina ignorando sus consecuencias en nuestro cuerpo, esta vez se trata de sentir las pasiones, dejarlas informarnos de ese mundo que nos espera y conducirlas de una forma prudente.

Para ello el hiperviviente ha asegurado bien los estribos a su caballo. Es un jinete diestro. Sabe cuándo aflojar la presión y cuándo clavar los estribos en el lomo de su caballo. Porque conoce al milímetro a ese animal, cómo se encuentra en cada momento del camino, y sabe si puede dejarlo trotar libremente o si debe sujetarlo.

¿Y cómo se llega a ese conocimiento?

Pues como diría vuestro padre, parafraseando a su entrenador favorito, **partido a partido**. El objetivo del camino no es llegar a algún sitio, sino caminarlo. Cada día descubriréis cosas nuevas de vosotros mismos. Iréis encontrando los motivos debajo de cada pensamiento, debajo de vuestras decisiones. Si habéis tomado dirección norte o sur en la intersección anterior, si os ha enfadado el comentario del explorador que os acompaña, si habéis sentido que caminabais más rápido de lo que podéis.

Debajo de cada cosa se esconde una pasión y las iréis reconociendo. Aprenderéis cómo sois en esencia, qué elemento os define más: la alegría, el miedo, la ira, la compasión. Acabaréis conociendo al detalle a vuestro propio corcel y así sabréis cómo conducirlo, apretar los estribos y dejarlos libres en el momento oportuno. Sin anular al animal, porque esas mismas pasiones que pueden arrojaros fuera del camino si habéis perdido los estribos son las únicas que os podrán mostrar quiénes sois vosotros en realidad, qué otros mundos ansiáis conquistar, cuán vivos estáis y cómo de eternos sois.

Séneca dijo: «El hombre más poderoso es el que es dueño de sí mismo».

4 de octubre de 2020 . Domingo. Día de San Francisco de Asís.

Hola, chicos, ¿cómo lo lleváis? A estas alturas del cuento una de dos: o lo habéis dejado de puro aburrimiento o le habéis concedido una oportunidad esperando, de esperanza, que al cabo toda esta vaina resulte en algo de interés.

Mi objetivo no es siquiera que lo entendáis todo de golpe y sopetón; mi esfuerzo y empeño van dirigidos a que, al menos, este curioso proyecto se convierta en un constante rumor amoroso que resuene en vuestras cabecitas a lo largo del camino. Y que cuando ciertas palabras aquí impresas os lleguen al recuerdo consciente, una sonrisa cómplice acuda a vuestros labios acompañada de un pensamiento entrañable: «Qué pesada era mi madre».

Solo eso. **Todo** eso.

Tengo una buena noticia, hemos llegado al fin al meollo de la cuestión. **El mayor tesoro**. Curiosa casualidad, para quien crea en las casualidades, claro, que sea precisamente en el día de San Francisco —para mí, uno de los santos hipervivientes que mejor logró entender este don— en el que abordamos el tema principal de nuestro manual.

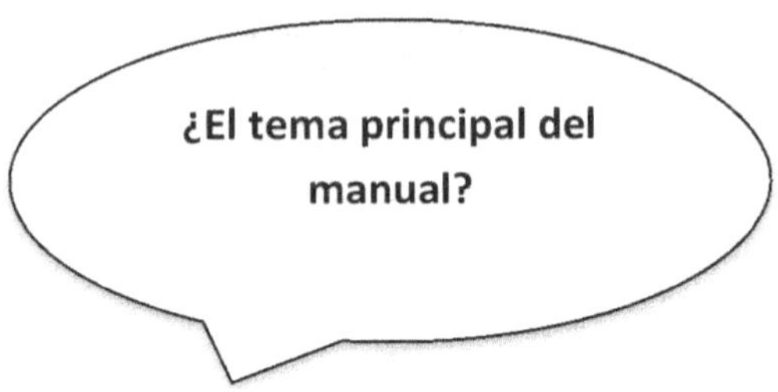

Sí, el tema principal del manual, del camino, de la vida. El mayor de los dones. Y, para un hiperviviente, la única realidad posible.

Todos los supervivientes llegamos a este mundo con un magnífico tesoro, recién pulido y colocado en el mejor de los lugares. Si queréis ser unos verdaderos hipervivientes, tendréis que estar muy atentos a él, protegerlo activamente, luchar por conservarlo. Esa es la verdadera guerra del hiperviviente. Y ese será el mayor de vuestros tesoros, chicos, nunca lo pongáis en duda. Y no es otra cosa que la **ALEGRÍA**.

Pero primero creo que tengo que aclararos bien el concepto. Es posible que el sentido de esta palabra se haya distorsionado con el tiempo, porque olvidamos ir al origen o por el ruido que hacen los **Protocolos de Actuación Establecidos**, ¿recordáis?, que repiten los supervivientes como mantras a todas horas.

Es momento de sacar la brújula del origen y conducirnos hasta los albores de esta palabra.

La palabra alegría proviene del latín *alicer* o *alecris*, que significa «vivo y animado». Por tanto, el concepto primigenio de esta palabra está unido al concepto de vida, de vida animada (*anima* en latín es respiración, principio vital, alma). La alegría, en origen (¡gracias, brújula!), se entiende como el estado vivo de la persona que la tiene.

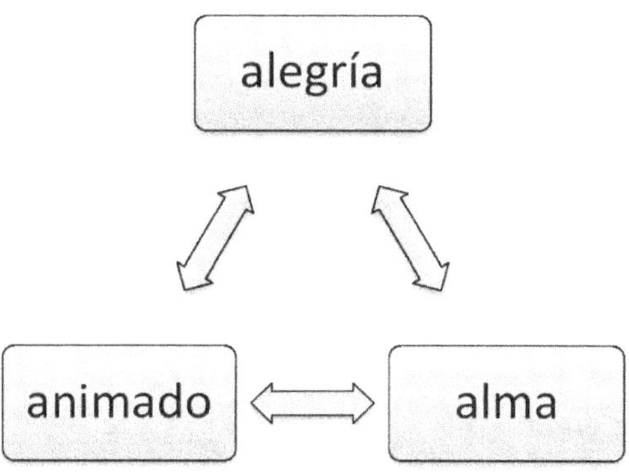

Un poco diferente ul sentido que le dabais, ¿verdad? Al menos para los romanos, estar alegre era una condición mucho más profunda que mostrar una sonrisa en la cara o dar unas cuantas carcajadas; era ni más ni menos que estar **vivo**, en el sentido de tener **alma**.

En contraposición, no estar alegre también tiene un sentido mucho más profundo, más allá de estar triste. No estar alegre

sería el equivalente para los romanos a no estar vivo, no respi-
rar, no estar dotado de principio vital, ser desalmado.

Bueno, yo no lo creo. En absoluto. Porque hace tiempo que hice oídos sordos a los **𝔓rotocolos de 𝔄ctuación 𝔈stable-cidos**. Os explico.

Según los manuales de supervivencia y sus famosos esló-ganes, hay que ser felices para estar alegres. Y además la feli-cidad es un **derecho** primordial, de modo que se ha sacado una peligrosa máxima de esta conclusión:

Tengo *derecho* a ser feliz

A partir de ahí, entendida la felicidad como un derecho innato a la propia existencia, todo el resto de prioridades del superviviente va a quedar organizado en torno a ese derecho que se ha vuelto un objetivo y además una legítima justificación para todos sus actos, incluso para los más dudosos y cuestionables...

El manual, además, les ha dicho cómo lograrlo. Primero, para ser feliz tienes que sentirte seguro. Una buena tienda de campaña con las más avanzadas técnicas de protección es lo mejor. Además, tienes que tener cubiertas todas las necesidades: buena ropa para el frío, alimentos energéticos, tecnología de última generación, el mejor GPS para evitar perderte y aplicaciones digitales para solucionar los imprevistos que puedan surgir. Así que primero de todo, ya estás viendo, necesitas dinero.

Después también necesitarás compañía, la experiencia de otros supervivientes puede ser una gran ayuda en ciertos momentos. Elige a los mejores, los más experimentados, aquellos a los que las cosas le estén saliendo muy bien, para relacionarte con ellos y hacer el camino juntos. Y es posible también que necesites sentirte amado, produce mucha felicidad sentirse amado, así que busca a otro superviviente que pueda darte a ti amor a raudales, amor feliz.

Y más o menos ya está. Ahí la tienes. La felicidad. Ya puedes esbozar sonrisas y estar alegre. Ya tienes tu tesoro.

Pues no. Eso no es la alegría, eso no es estar vivo y animado. Ni mucho menos.

Mirad, soy un pelín más vieja que vosotros y ya me ha dado tiempo a conocer a muchos supervivientes que han caído en esa trampa mortal de la alegría mal entendida. ¿Y sabéis una cosa? Nunca he conocido a personas más tristes que ellos. ¿Y sabéis lo peor? No son siquiera conscientes de que no están alegres.

Ese superviviente, lejos de sentirse feliz, está atosigado por un enemigo implacable de la alegría: la **ansiedad**. Tiene angustia por perder todo eso que ha ido adquiriendo con su dinero para poder ser feliz, porque si lo pierde, también pierde la felicidad. Tiene angustia porque además los supervivientes que eligió como compañeros de viaje, los más preparados y expertos, lo están dejando solo, ahora que se ha lesionado y no puede seguirles el ritmo. Tiene angustia porque la felicidad que prometía el amor no estaba resultando fácil ni cómoda y tuvo que cambiar de pareja, y desde entonces hay una mosca insidiosa (¿os acordáis?) que no le deja ni a sol ni a sombra.

Y todo eso es perceptible, si os fijáis bien, como un velo traslúcido que empañara la mirada de esos seres tan tristes que ríen a carcajadas.

En algún momento del camino, las fiestas en torno a la hoguera, la tienda de lujo, la salud, los compañeros de acampada, la comida y hasta el amor feliz se esfuman. Si eso era todo, estás acabado, amigo.

FIN

Menos mal que los romanos sí sabían de lo que hablaban cuando nombraron a la **Alegría** por primera vez. No, eso no era todo. Eso era solo un *ji, ji, ja, ja* exterior que no llegaba ni a soplo del verdadero **JA, JA, JA** que produce la alegría.

La alegría es una experiencia profunda que nace al ser capaces de sentir nuestra propia alma, pues la alegría es ni más ni menos que ese principio vital que somos. **Somos alegría porque estamos vivos.** Porque en nuestro interior llevamos **el origen «animado», el alma.** El reconocimiento de ese ser nuestro interior, el único verdadero, es lo que nos despierta a la vida y nos hace seres alegres.

La alegría es la vida en sí, que toma forma de alma en nuestro ser, y el alma está hecha de amor, y el amor es Dios. Quien ha llegado al origen, al de la palabra y al de su esencia, es consciente de su alegría y se regocija en ella, y sabe que no la va a perder aunque un diluvio le empape la comida y un huracán arrase con su tienda. **La alegría es el amor, es Dios.** Y lo maravilloso de eso es que puedes sentirla *desnudo, con hambre y solo en mitad de un desierto.* Así, de un golpe, hemos eliminado de nuestra vida la ansiedad por la pérdida de nuestra tienda.

Quien ha llegado a este conocimiento, quien no ha tenido reparos en *iluminar su realidad con la linterna de sentir,* ha *usado su brújula del origen* y ha *colocado en el justo lugar a la razón y a la serotonina*, estará alegre todo el camino. ¿Sabéis por qué? Porque la esperanza jamás abandona a un ser alegre.

Y no es verdad que llorar sea sinónimo de estar triste. No, se puede llorar siendo un ser alegre. De hecho, un hiperviviente llora mucho, seguramente son los exploradores que más lloran del planeta: de pura emoción, de puro sentimiento, de felicidad y de pena. Son los seres más sensibles que existen en el mundo. Pero hasta en el momento más lacrimógeno de su camino un hiperviviente llorará alegre, porque conservará la esperanza en medio del desastre. Porque su partícula amada interior, el alma, sabe qué es, de dónde viene y a dónde se dirige; y ese conocimiento, que se vive como una experiencia de profundo amor, le otorga lo esencial para no ser un explorador tristísimo: la esperanza (recordad que era el alimento energético que debíais consumir).

No, en absoluto. Ser un hiperviviente es algo costoso. Casi todos los que lo son, en muchos momentos del camino, también pierden los estribos. Ceden a las pasiones humanas y entierran a su partícula de alegría, el alma, bajo toneladas de fiestas y amores fáciles y buenas tiendas y compañías interesadas. Y la tristeza vuelve, y no serán ni conscientes de que está instalada en sus miradas mientras ríen a carcajadas apoyados en todo lo material que hay en sus vidas. Porque sabed que os va a resultar imposible ser un hiperviviente las veinticuatro horas del día los trescientos sesenta y cinco días del año.

No es fácil, hasta San Francisco tendría sus días. Pero lo importante de todo es que sepáis encontrarla de nuevo, que sepáis dónde está de verdad el tesoro, la **alegría**, y volváis para rescatarla de ese acoso material al que la hemos sometido un tiempo. Que le saquéis brillo, como se saca brillo a la plata en un palacio, y que la coloquéis en un lugar vistoso, accesible a vuestros labios y vuestros ojos, para que su destello sea visible a los demás a través de vuestra sonrisa y de la luz de vuestra mirada.

DECIMOQUINTA REGLA DEL MANUAL DE HIPERVIVENCIA
Saca brillo cada día al tesoro

Es una lucha descarnada, la mayor guerra en la que vais a estar inmersos, y más aún en estos tiempos de elevado ruido exterior, de acoso absoluto de la publicidad engañosa. Nos dejamos convencer y somos tentados por los enemigos, los supervivientes camuflados de «amigos» que tienen miedo a perderlo todo y han abrazado la desesperanza. Los que validan sus argumentos con razones científicas y sentencias inapelables. Los que justifican cualquier acto y evitan la reflexión ética profunda con el implacable eslogan: tienes derecho a ser feliz...

Pero, desde mi humilde experiencia, yo puedo deciros que no conozco empresa más edificante que pueda hacerse en el tiempo de esta tierra que enfangarse uno en esa guerra que es digna de dioses. Tratar de ser fieles a la realidad que somos y luchar cada día para conservar el mayor de nuestros tesoros.

Como dice una de mis escritoras favoritas: «¡Estamos intentando la alegría!»

Solo eso. **Todo** eso.

San Francisco de Asís dijo: «Cuando la alegría espiritual llena los corazones, la serpiente derrama en vano su veneno mortal».

A
Ω

Empecé este libro hablándoos del origen. ¿Recordáis la brújula del origen? Nos ha iluminado muchas cuestiones durante este viaje. El origen, en la Biblia, suele estar representado por la letra alfa del alfabeto griego.

Es un símbolo que ya habéis visto aparecer algunas veces en este manual, junto a otra letra también griega, omega, la última del alfabeto.

Y es que, en la Biblia, a Dios se le conoce como principio y fin de todo lo que existe.

AΩ

Me gusta mucho que a Dios se le represente con la primera y la última letra de un alfabeto. El alfabeto con el que formamos palabras. Palabras que ya sabéis que son la partícula más pequeña que contiene pensamiento. Dios, como origen de todo pensamiento, como fin último de todos.

Pues eso, vamos a terminar este libro como se terminan todos los libros, por el **FIN**.

Os han dicho cientos de veces que Dios es amor. Como si eso fuera una ayuda para poder comprender a Dios. Y yo siempre he pensado: «Menuda ayuda...». El amor es el mayor de los misterios de esta vida.

Diréis, quizás, dentro de unos años.

Bendita inocencia... Bendita y añorada inocencia, cuando uno creía que ese era el gran misterio por resolver.

Veréis, la muerte puede parecernos un sinsentido, sin duda. Lograr asimilarla es un difícil cometido. Pero no sería así si no fuera porque una fuerza invisible y poderosa impregna la vida humana con su inabarcable misterio: **el amor**.

Es porque amamos la vida, porque amamos a las personas que hay en la nuestra, por lo que la muerte nos parece un error difícil de explicar.

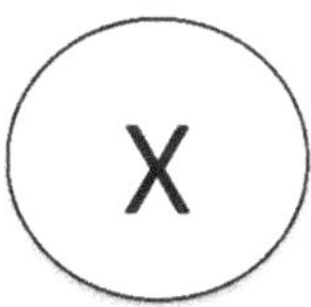

Si no amáramos, bueno, no veríamos problema alguno en hacer nuestras maletas y pirarnos de aquí, e igualmente nos parecería insignificante que otros se marcharan.

Pero amamos, claro. Y eso lo cambia todo.

Cambia el sentido de nuestro deambular, cambia la dirección que tomamos en aquel cruce, cambia el ánimo (de alma) de quien ama y también de quien recibe ese amor. Cambia la estrategia que tenías prevista para el camino y cambia la escala de prioridades. El amor reforma todo nuestro interior con su misterio.

Y cambia nuestra percepción de la muerte. Porque es aquí, en este espacio y tiempo, donde estamos sintiendo esa fuerza tan poderosa, y es de aquí de donde no nos queremos mover para seguir sintiéndola. Así que la muerte se presenta ahora como un enemigo que nos quiere arrebatar esta maravilla de la que gozamos.

Y, sin embargo, esa ausencia física que impone la muerte, esa interrupción fatal de comunicación con otros seres amados, no puede hacer siquiera un rasguño en el amor que nos suscitan la vida y los seres que han dejado de explorar con nosotros.

El amor es el gran misterio de este camino; imperturbable, invisible, inmune al cortocircuito mortal.

Es lo único inmortal que poseemos.

Lo único que nada ni nadie puede quitarnos. Lo que no se puede explicar; ni como resultado de complejas interacciones neuronales, ni como la suma de las propiedades que presenta la materia de la que estamos hechos. Ni con la razón, ni con la filosofía, ni con la psiquiatría. Es imposible entender su misterio.

Morirán nuestros seres queridos, sí, y la fibra amorosa que habían tocado, solo ellos, en nuestro corazón seguirá vibrando en nuestro interior llenándonos de un gozo íntimo indescriptible..., de una comunicación emocional con ellos que no conocerá interrupción.

Y nada puede explicar eso.

Aunque ahora es cuando lo intentaréis diciéndome:

Sí, os dije que las hormonas eran responsables, sobre todo del delirio romántico-amoroso, del primer enamoramiento. Es un tipo muy especial de amor, sin duda, y recibe una buena ayuda biológica.

El enamoramiento es un estado de encandilamiento total en el que las hormonas hacen un meritorio trabajo reforzando el vínculo, generando una necesidad, casi física, de permanecer junto al objeto de nuestro deseo.

Fase indispensable, no se puede negar. Pero eso es solo el principio. Una etapa previa que apenas tiene que ver con el sentimiento posterior.

Mirad, chicos, hay tantas formas de amor como estrellas en el universo. No solo hay un amor y no solo el amor «romántico» es el primordial. Y en toda esa disparidad de formas de sentir amor, solo un elemento común: cuando el amor se manifiesta, el individuo se olvida del **YO**. El explorador se olvida de su presencia; más aún, su presencia ya solo se explica como un deber «darse», solo encuentra sentido a su camino en un vaciarse continuo y sin reservas en favor de las personas amadas. Ese sentimiento trasciende lo material, lo lógico; eso tumba a las mismísimas hormonas y neuronas con todo su poderío. Va en contra de nuestra propia biología, porque nuestras células, y la última y más pequeña parte de su composición, los genes, tienen grabada a fuego una sola orden: sobrevivir ante todo. Y eso se refleja en una actitud personal extendida en el ser humano: el egoísmo.

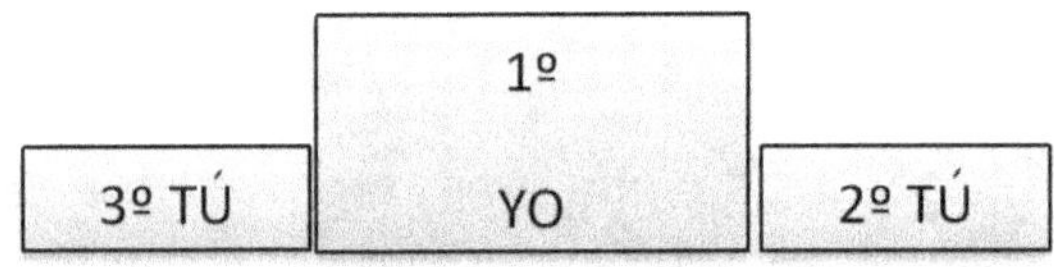

Yo antes que tú. Codificado en nuestros genes.

Y el amor, el verdadero amor, invierte eso.

Cuando estéis sintiendo eso, sabed reconocerlo. Y nunca os neguéis a dar ese amor, no seáis cicateros con él. No tengáis miedo a que se consuma, a que lo estéis entregando equivocadamente. El amor es como un chicle, no se rompe por estirarlo; es infinito, como el milagro de los panes y los peces, no se le quita a nadie por repartirlo con más.

Y tampoco hay criatura humana que no lo merezca, así que no tengáis miedo de vaciaros por nadie en este mundo.

Porque el fin de la vida, de vuestra existencia, de este libro, no es morir. El fin es amar. Por eso nacimos, por eso permanecemos vivos, por eso os escribo este libro. Por el amor. Y el amor es Dios.

Amad, a corazón lleno. Con toda el alma, a cuantos más exploradores mejor. Y si amáis, la efímera muerte os será realmente leve, porque Dios, que eligió amaros hasta morir por vosotros, os abrazará en el momento de dejar este espacio y este tiempo.

A un creyente cristiano, en todas sus variantes, le será familiar todo esto que digo. Pertenece a esa «hoguera», ¿recordáis? Y se identifica con esta parte de la historia.

Pero también hay creyentes que no son cristianos, sino creyentes judíos, musulmanes, budistas o hinduistas, en todas sus variantes, o de cualquier otra religión que se escape a esta relación (disculpad mi desconocimiento del resto de hogueras). Y bendito sea Dios por ellos; sí, Dios, el único, por haber hecho llegar, por otros medios, a todas esas personas al conocimiento suyo. A esas personas también les será gratificante ese fin amoroso propuesto para la vida, porque el corazón de cualquier creyente de cualquier fe está abierto a este entendimiento profundo y esencial de la vida.

Luego está la hoguera de los exploradores agnósticos, y a ellos (permitidme esta broma) les digo: ¡no está todo perdido!

Apuesto a que también son personas capaces de llegar a este conocimiento y aunque no quieran afirmar la existencia de Dios, se niegan a negarla, manteniendo abierta la puerta de la esperanza, que es una fuente inagotable de paz. Son suficientemente listos como para no cerrarse opciones, pero les gusta la asepsia. Son personas lógicas y la única postura lógica es la suya, aunque entienden que quizás, tal vez, no haya nada ilógico en dar credibilidad a las emociones. Atienden a la ciencia y su incontestable discurso, que les dice que todo es química o producto de la imaginación. Sí, pero desde su pragmatismo absoluto saben que no se puede negar lo que no se ve solo por no poder verlo (le dan una oportunidad en su mochila a la linterna del sentir). Son listos, y algo soberbios, y no quieren ser pillados en un renuncio. A ellos, cuando los encuentro en el camino, siempre les recomiendo la lectura de los Evangelios, porque les será provechosa, y que exploren su lado irracional, ese que la ciencia, lo siento, aún no ha podido ubicar en órgano alguno...

Y por último, y tan llenos de fe como los creyentes, están los ateos. Verdaderos exploradores de fe.

Ya creo que la tienen, igualita a la de los creyentes. De hecho, ambas hogueras mantienen una idéntica postura filosófica: todos creen cosas que no se pueden demostrar.

La no existencia de Dios es algo que jamás se comprobará de una forma física, lógica, matemática, ni siquiera filosófica. Están exactamente en el mismo punto ciego en que está el creyente. Es un caso curioso, especial. Tienen fe suficiente como para creer en la inexistencia de Dios. No son unos pragmáticos, aunque eso crean de sí mismos. No, la ciencia también admite que no puede demostrar la ausencia de Dios. Sin embargo, son obstinados en negarla, por encima del conocimiento humano, tal y como los creyentes la asumen. Es una cuestión de fe. Son tan testarudos como los creyentes.

Pero ignorar la dimensión espiritual del ser humano me parece una cosa muy pobre. Es algo que no ha hecho ninguna civilización en la historia de la humanidad. El conocimiento de Dios ha estado siempre al alcance de todos, cultos o ignorantes, niños o ancianos, ricos o pobres, porque Dios lo ha dejado codificado en el alma de cada ser. Y las civilizaciones no han hecho oídos sordos a ese mensaje cifrado; no lo ignoraron entonces los egipcios, ni los mayas, ni los griegos, ni los romanos, no lo ignoran ahora los cristianos, los judíos, los musulmanes, los budistas. Lo ignoran los ateos.

Si alguna vez en el transcurso de vuestros días os sentáis en esta hoguera de los ateos, hacedme un favor, dadle a este argumento una pensada. Aunque solo sea como íntimo gesto amoroso para con vuestra madre.

Por amor nacisteis, como el propio universo, y por amor viviréis más allá de la anecdótica muerte. Ese es vuestro origen y ese es vuestro destino. El alfa y la omega. Dios o el amor.

Biblia cristiana. Marcos 9,5-6: «Señor, qué bueno es estar aquí. Vamos a hacer tres tiendas, una para ti, otra para Moisés y otra para Elías».

Esto dijo Pedro, que, en presencia del AMOR, se olvidó de proyectar una tienda para él mismo.

Son las diez de la noche del 7 de diciembre de 2020. Acaba de empezar el toque de queda. En este año de locos que está llegando a su fin, hemos ido viendo cómo perdían la vida millones de personas en el mundo a causa de un enemigo invisible y muy eficaz. Hemos visto cómo perdían el trabajo otros millones de personas, cómo se han atropellado las libertades individuales, cómo ha aumentado de una forma cruel la soledad de nuestros mayores. Sí..., la vida, la maravillosa y extraordinaria vida, nos deja sin aliento con su belleza, pero también con su crueldad.

¿Y qué podemos hacer? ¿Qué se puede hacer con la crueldad, con el dolor, con la sinrazón? Buena pregunta. Creedme, no lo sé. Pero sé una cosa, que las más bellas historias del mundo han sido escritas desde el dolor, y las más fantásticas melodías se han compuesto de lágrimas. Y que la más impactante experiencia de Dios en la vida de una persona ocurre cuando más profundo es el abismo que la rodea.

> *—Lo que yo quiero es un clima pésimo —contestó—. Creo que se debe de escribir mejor si el clima es malo. Si hay mucho viento y tormentas, por ejemplo...*

Es genial la respuesta de Helmholtz al ser preguntado por la isla en la que prefería desterrarse del mundo feliz de Aldous Huxley. Brillante y certera repuesta.

Exactamente eso. Un clima pésimo. Como el de este año. Con su escalofriante cifra de muertos y su encierro colectivo y su toque de queda y su hambre y su pobreza y la tristeza instalada en los ojos de nuestros abuelos. Sí, a mí también me parece que se debe de escribir mejor si el clima es malo, y se debe de estar más inspirado y se debe de sentir mejor a Dios. Es posible que para eso esté precisamente la crueldad de la vida, para que así sepamos extraerle la verdadera belleza. Es posible...

Yo, además, tengo la personal sensación de que cuanto más pésimo es el clima, más necesaria me es la creación. Color contra el dolor, belleza contra la crueldad, inspiración contra la muerte, ficción contra la ausencia.

El arte es medicina para el alma. El arte rellena las fisuras de la realidad.

Es la frase que inició este proyecto y con ella debe terminar. Y tengo que seguir renunciando a contestarla, porque este libro no va de nada si no está en vosotros ya esa respuesta personal y única. Puede ir de una cosa o de otra, porque un libro solo va de lo que el lector diga que va.

Así que, como conclusión, solo os haré un breve resumen:

Creo que todos somos **exploradores** de un *tiempo y un espacio maravillosos*. Podemos ser unos meros supervivientes o alcanzar un nivel superior de experiencia como **hipervivientes**. No podemos lograr el estado hiperviviente todos los segundos, de todos los minutos, de todas las horas, de todos los días de todos los años que vaya a durar nuestro tiempo en la tierra, pero, paradójicamente, solo marcándonos ese inalcanzable objetivo lo lograremos. TODO el tiempo.

Y recordad: llevad siempre con vosotros <u>la brújula del origen, la linterna de sentir y el insecticida para la mosca insidiosa</u>; emplead bien vuestras armas en la lucha, <u>la humildad y la empatía,</u> y sabed conservarlas, manteniendo frescos los <u>guaus</u> en vuestros labios y engrasado el cerebro con los <u>libros 3-en-uno</u>; aprended el <u>arte de la espera</u>, como se aprende a cocinar, que el mejor alimento que podéis consumir no es otro que la <u>esperanza</u>; sacad brillo cada día a vuestro mayor tesoro, la <u>ALEGRÍA</u>, que es la vida misma, animada, el alma que Dios os regaló; <u>escuchad al dolor</u> y <u>lucid vuestras cicatrices</u> con orgullo, <u>pero aprended a nadar antes de cruzar el río</u>; desafiad los Protocolos de Actuación Establecidos, atreveos a sed los <u>capitanes</u> de vuestro barco; montad una <u>tienda flexible y mutable</u> y no dejéis de escuchar y compartir con el resto de exploradores vuestras <u>historias alrededor de la hoguera</u>.

El camino no siempre será amable, y habrá tramos muy pedregosos y escarpados, pero si lográis ser la mayor parte del tiempo unos verdaderos hipervivientes, vuestra sensación general en el balance del camino será de agradecimiento infinito; alegre y amoroso agradecimiento. Y por muchos tropiezos, cicatrices y dolores que recordéis en el repaso mental de vuestra vida, seguro que el último pensamiento en este mundo, ese que ocurrirá segundos antes de ser abrazados al fin por el **AMOR** infinito del mismísimo Dios, no será otro que un enorme, agradecido y felicísimo:

Sí, todo eso era la vida. Guau...

Sobre la autora

Patricia García Monteoliva, nacida en Granada en 1977, es licenciada en Ciencias Biológicas. Publica su primera novela, *La última página*, con Editorial Premura en 2004. En 2015 autopublica una segunda edición de esta obra a través de Kindle Direct Publishing. En 2017 autopublica su segunda novela, *Las fisuras del olvido*, en esta misma plataforma.